Mafalda 10

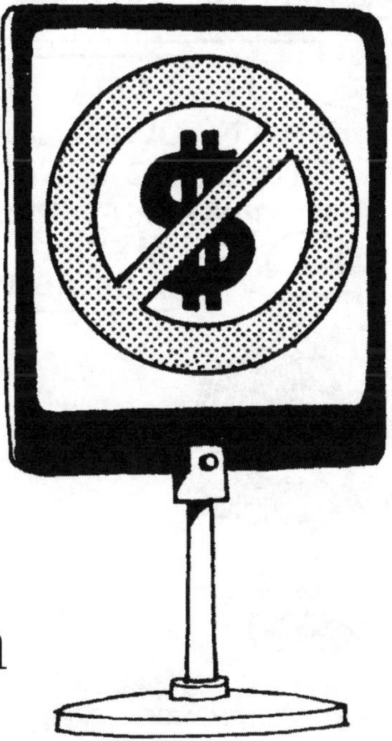

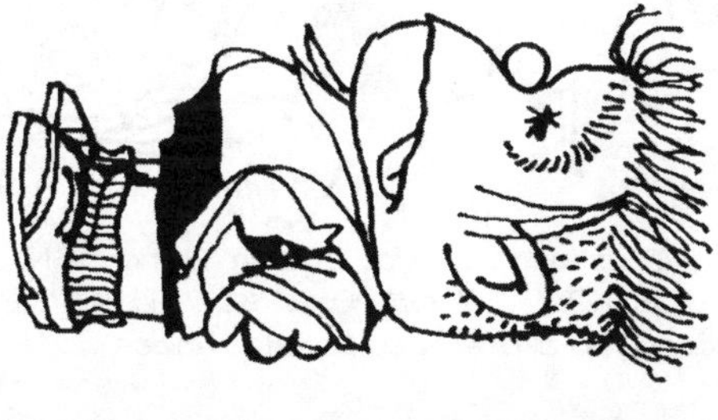

QUINO

Lumen

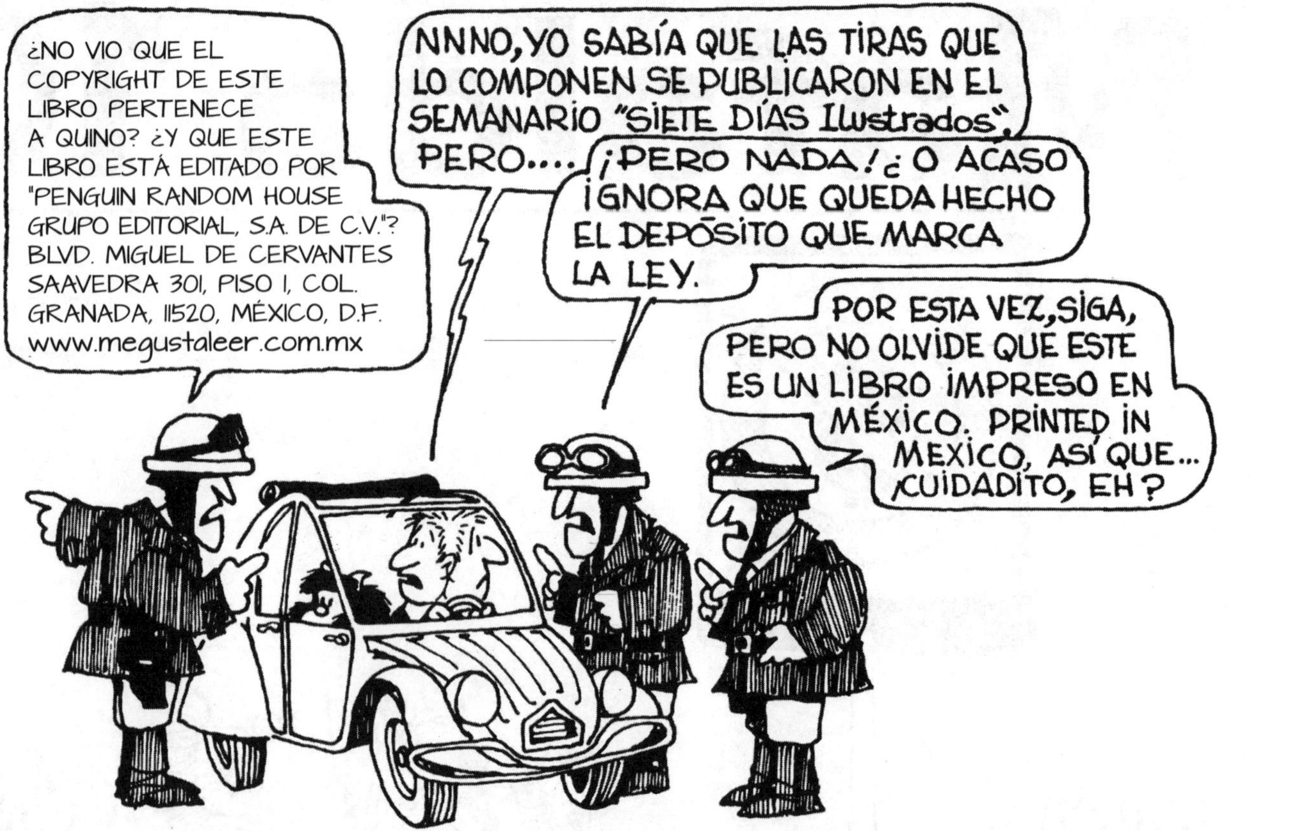
¿NO VIO QUE EL COPYRIGHT DE ESTE LIBRO PERTENECE A QUINO? ¿Y QUE ESTE LIBRO ESTÁ EDITADO POR "PENGUIN RANDOM HOUSE GRUPO EDITORIAL, S.A. DE C.V."? BLVD. MIGUEL DE CERVANTES SAAVEDRA 301, PISO 1, COL. GRANADA, 11520, MÉXICO, D.F. www.megustaleer.com.mx
NNNO, YO SABÍA QUE LAS TIRAS QUE LO COMPONEN SE PUBLICARON EN EL SEMANARIO "SIETE DÍAS Ilustrados", PERO....
¡PERO NADA! ¿O ACASO IGNORA QUE QUEDA HECHO EL DEPÓSITO QUE MARCA LA LEY.
POR ESTA VEZ, SIGA, PERO NO OLVIDE QUE ESTE ES UN LIBRO IMPRESO EN MÉXICO. PRINTED IN MEXICO, ASÍ QUE... ¡CUIDADITO, EH?

© Joaquín Salvador Lavado, Quino ISBN: 978-607-31-2275-7 Vol. 10. 1era. edición.

*a los lectores caídos
en cumplimiento del deber.*

QUINO

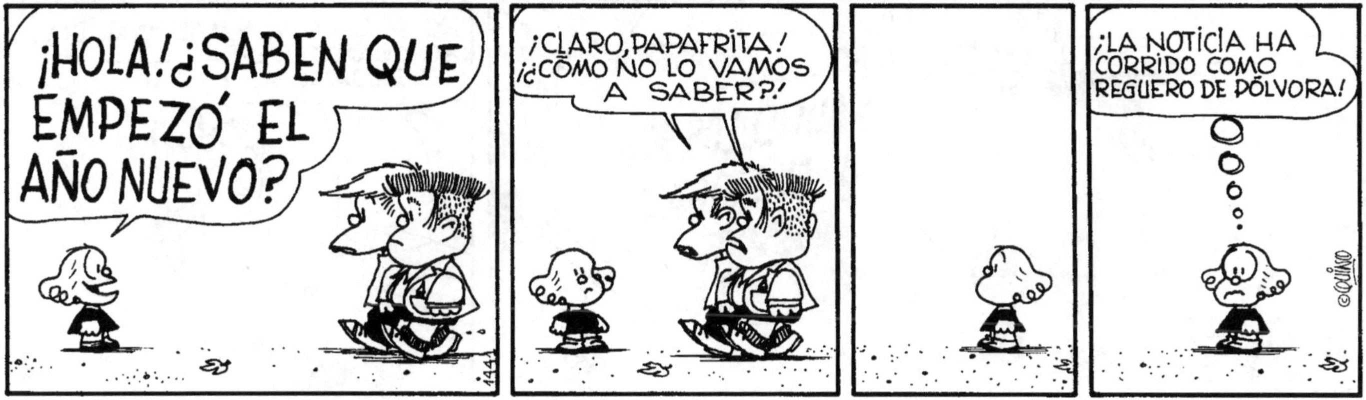
¡HOLA! ¿SABEN QUE EMPEZÓ EL AÑO NUEVO?
1441
¡CLARO, PAPAFRITA! ¡¿CÓMO NO LO VAMOS A SABER?!
¡LA NOTICIA HA CORRIDO COMO REGUERO DE PÓLVORA!
©QUINO

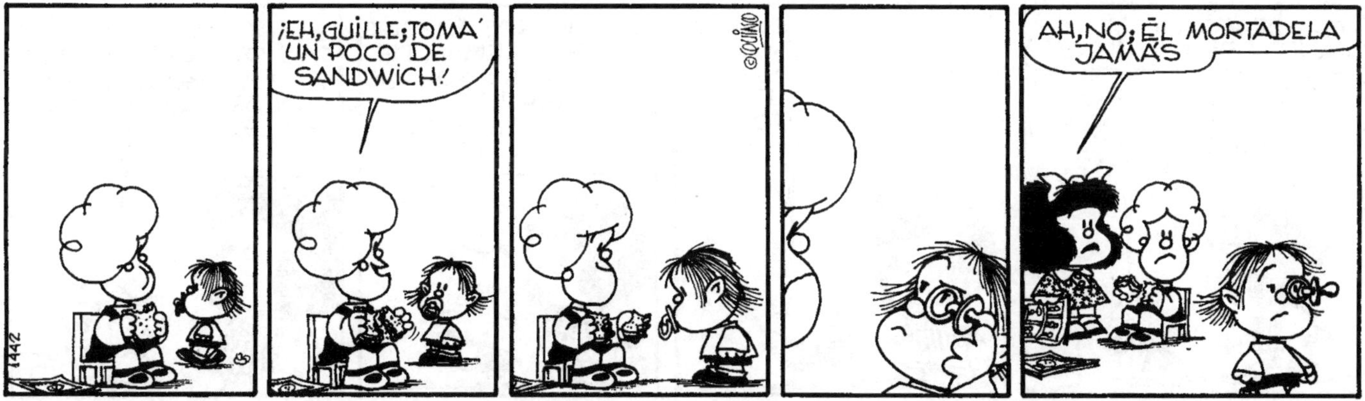
1442
¡EH, GUILLE; TOMÁ UN POCO DE SANDWICH!
©QUINO
AH, NO; ÉL MORTADELA JAMÁS

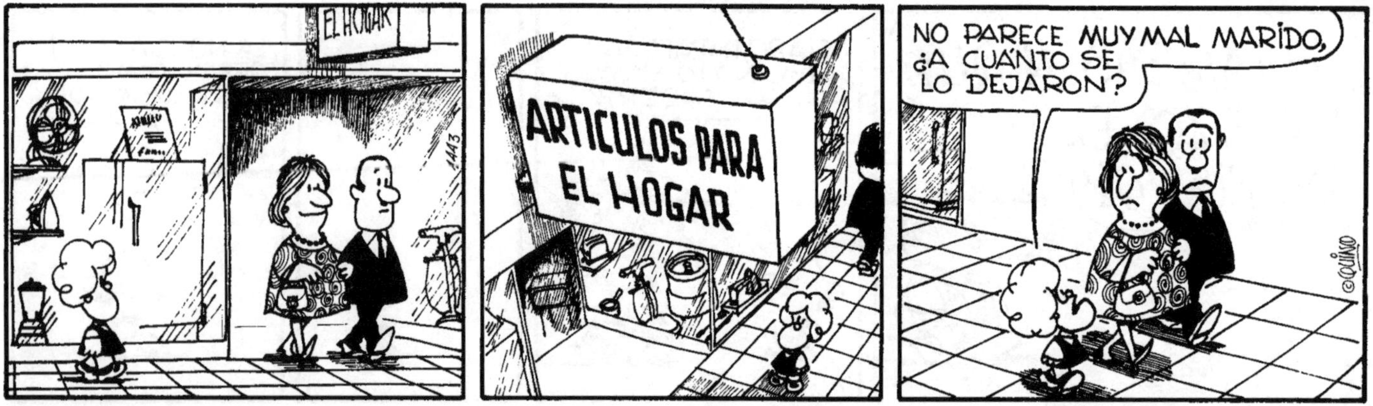
EL HOGAR
1443
ARTICULOS PARA EL HOGAR
NO PARECE MUY MAL MARIDO, ¿A CUÁNTO SE LO DEJARON?
©QUINO

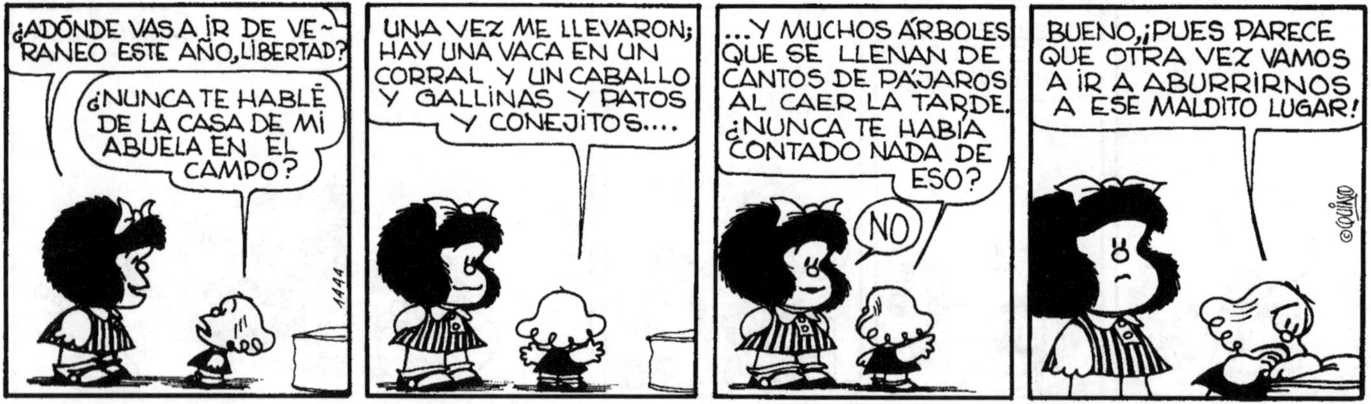
¿ADÓNDE VAS A IR DE VERANEO ESTE AÑO, LIBERTAD?
¿NUNCA TE HABLÉ DE LA CASA DE MI ABUELA EN EL CAMPO?
1444
UNA VEZ ME LLEVARON; HAY UNA VACA EN UN CORRAL Y UN CABALLO Y GALLINAS Y PATOS Y CONEJITOS....
...Y MUCHOS ÁRBOLES QUE SE LLENAN DE CANTOS DE PÁJAROS AL CAER LA TARDE. ¿NUNCA TE HABÍA CONTADO NADA DE ESO?
NO
BUENO, ¡PUES PARECE QUE OTRA VEZ VAMOS A IR A ABURRIRNOS A ESE MALDITO LUGAR!
©QUINO

¡Se equivocó la cigüeña, se equivocaaaba, se equivocaaaba!

¡DEBO LLEGAR AL RANCHO DE MULLIGAN ANTES DE QUE ESOS FORAJIDOS LLEVEN A CABO SU PLAN!

¡OH-OH, QUIÉN SE A ¡GLUP! CERCA!

¡LLEBO DEGAR AL MULLI DE RANCHIGAN ANQUES DE TE SOSE FORALLIVOS JEBEN A PLABO SU CAN!

¡BEGO MULLAR RALANCHO GUE LLUMIQAN DANFEDTÍSOS FORJASVITPS PELLEB NA CAQSO UP ALN!

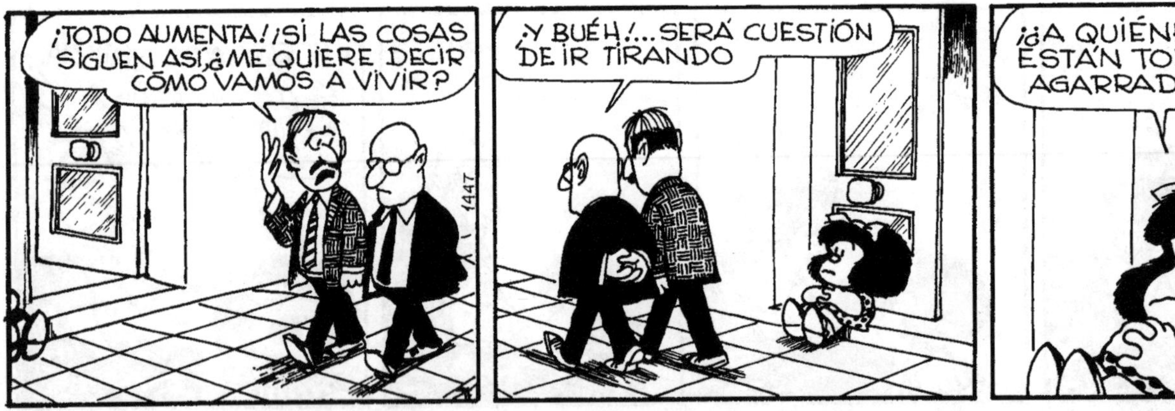

1447
¡TODO AUMENTA! ¡SI LAS COSAS SIGUEN ASÍ, ¿ME QUIERE DECIR CÓMO VAMOS A VIVIR?
¡Y BUÉH!... SERÁ CUESTIÓN DE IR TIRANDO
¡¿A QUIÉNES?! ¡SI ESTÁN TODOS MÁS AGARRADOS!...
© QUINO

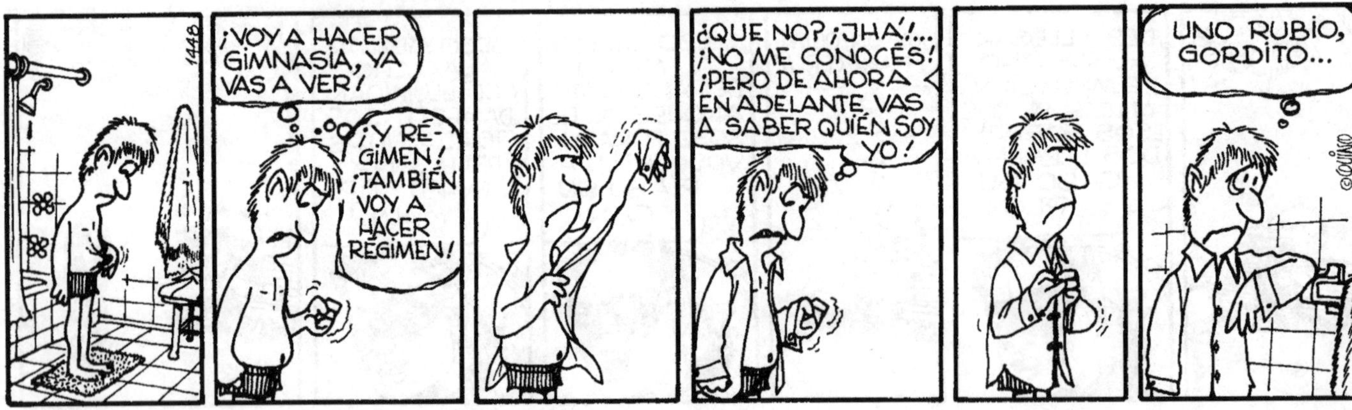

1448
¡VOY A HACER GIMNASIA, YA VAS A VER!
¡Y RÉGIMEN! ¡TAMBIÉN VOY A HACER RÉGIMEN!
¿QUE NO? ¡JHÁ!... ¡NO ME CONOCÉS! ¡PERO DE AHORA EN ADELANTE VAS A SABER QUIÉN SOY YO!
UNO RUBIO, GORDITO...
© QUINO

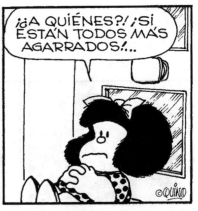

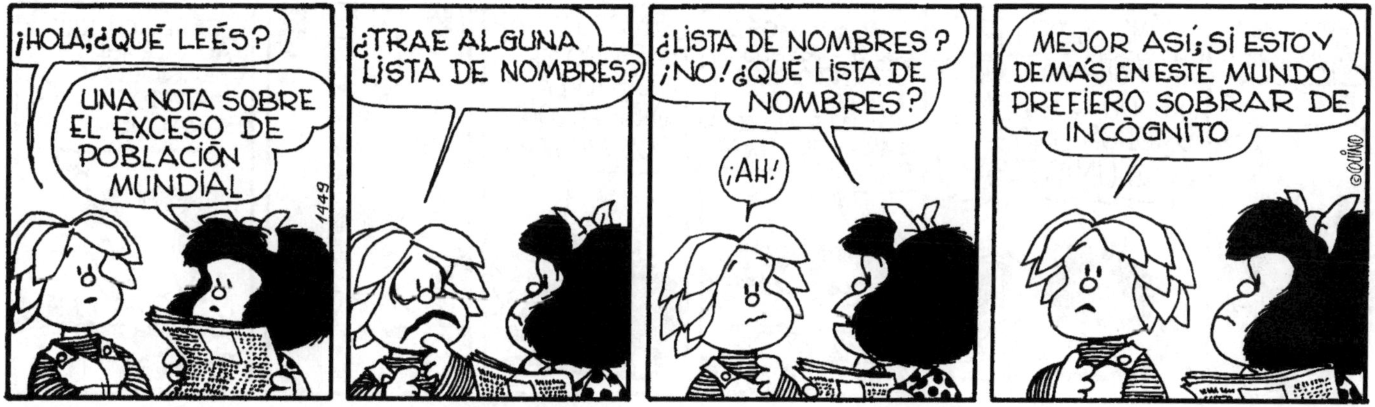
¡HOLA! ¿QUÉ LEÉS?
UNA NOTA SOBRE EL EXCESO DE POBLACIÓN MUNDIAL
1449
¿TRAE ALGUNA LISTA DE NOMBRES?
¿LISTA DE NOMBRES? ¡NO! ¿QUÉ LISTA DE NOMBRES?
¡AH!
MEJOR ASÍ; SI ESTOY DEMÁS EN ESTE MUNDO PREFIERO SOBRAR DE INCÓGNITO
© QUINO

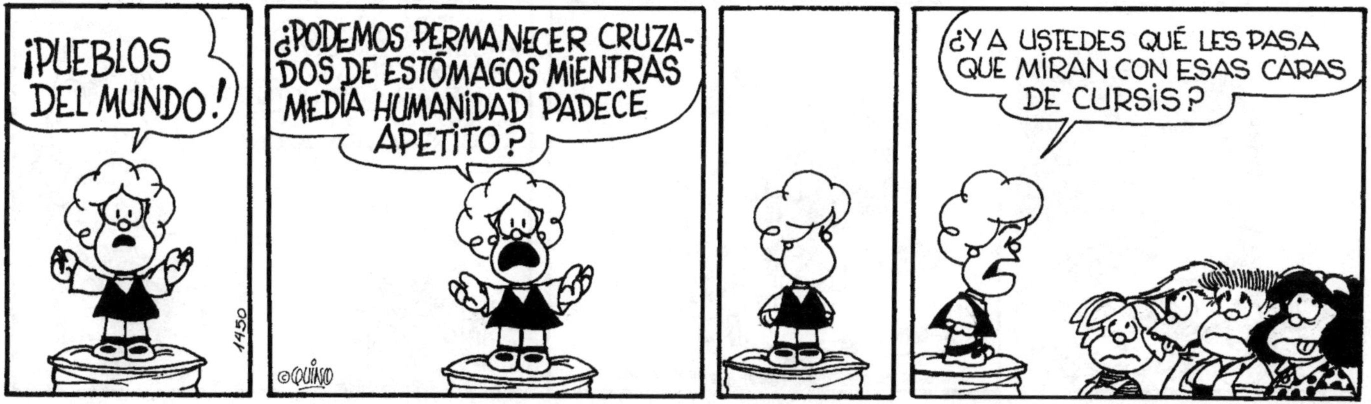
¡PUEBLOS DEL MUNDO!
1450
¿PODEMOS PERMANECER CRUZADOS DE ESTÓMAGOS MIENTRAS MEDIA HUMANIDAD PADECE APETITO?
© QUINO
¿Y A USTEDES QUÉ LES PASA QUE MIRAN CON ESAS CARAS DE CURSIS?

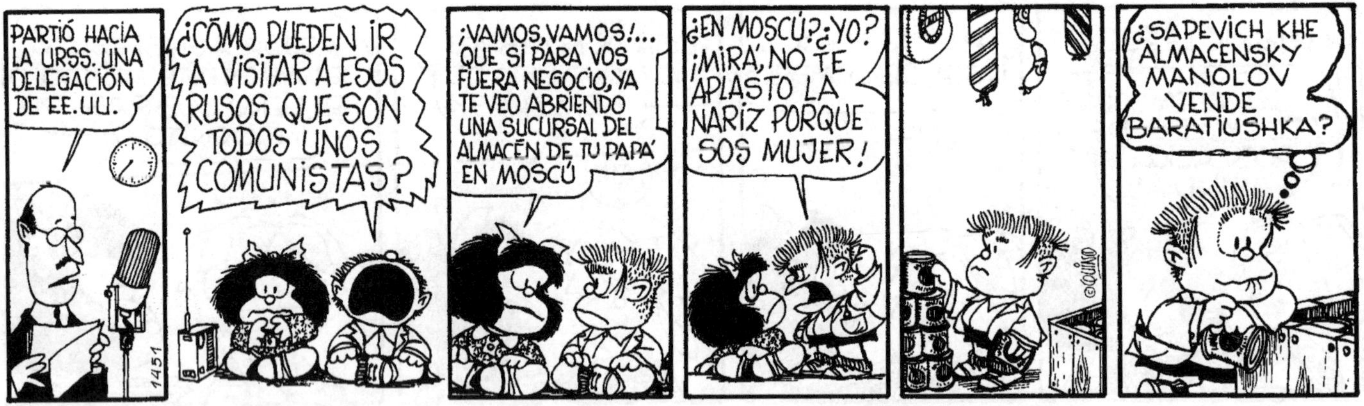
PARTIÓ HACIA LA URSS. UNA DELEGACIÓN DE EE.UU.
¿CÓMO PUEDEN IR A VISITAR A ESOS RUSOS QUE SON TODOS UNOS COMUNISTAS?
¡VAMOS, VAMOS!... QUE SI PARA VOS FUERA NEGOCIO, YA TE VEO ABRIENDO UNA SUCURSAL DEL ALMACÉN DE TU PAPÁ EN MOSCÚ
¿EN MOSCÚ? ¿YO? ¡MIRÁ, NO TE APLASTO LA NARIZ PORQUE SOS MUJER!
¿SAPEVICH KHE ALMACENSKY MANOLOV VENDE BARATIUSHKA?

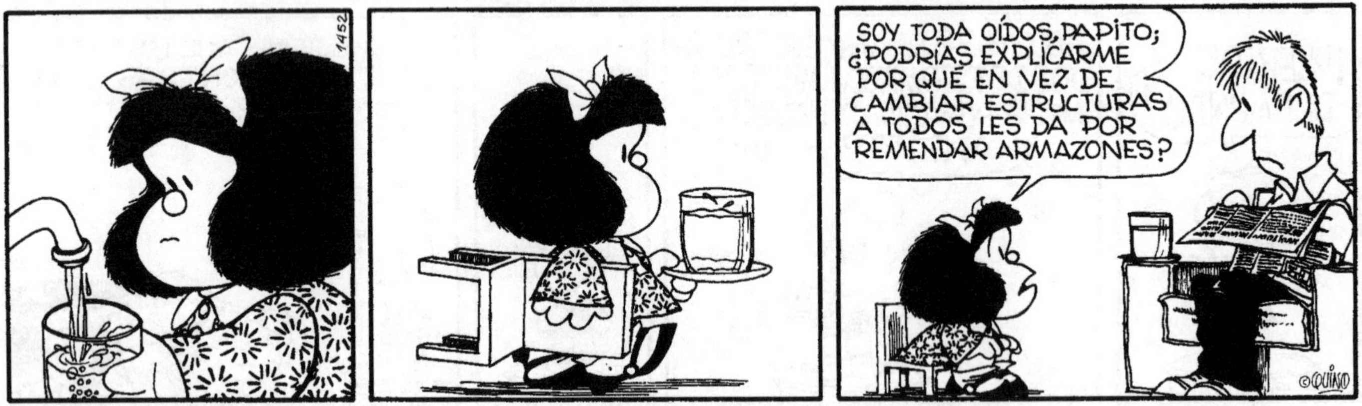
SOY TODA OÍDOS, PAPITO; ¿PODRÍAS EXPLICARME POR QUÉ EN VEZ DE CAMBIAR ESTRUCTURAS A TODOS LES DA POR REMENDAR ARMAZONES?

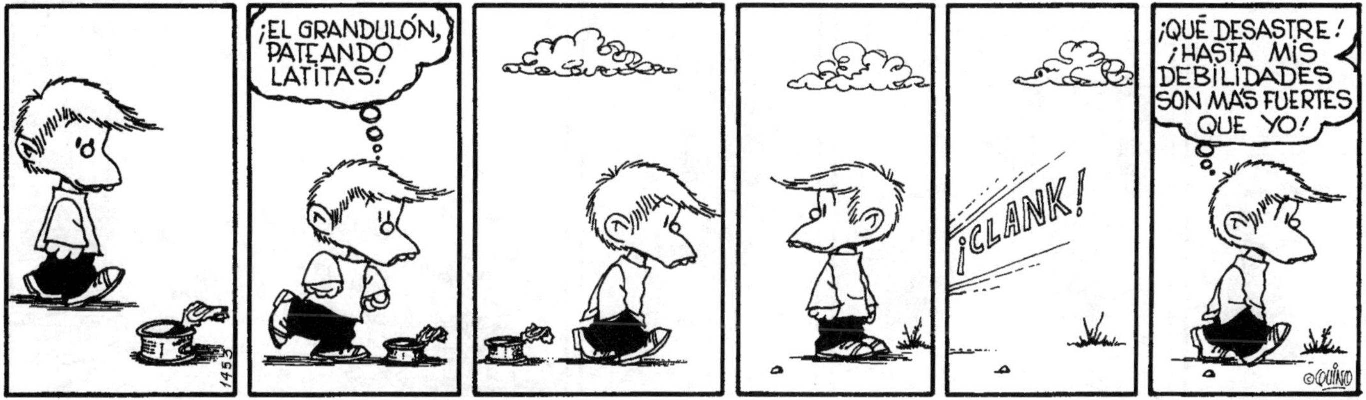
¡EL GRANDULÓN, PATEANDO LATITAS!
¡CLANK!
¡QUÉ DESASTRE! ¡HASTA MIS DEBILIDADES SON MÁS FUERTES QUE YO!

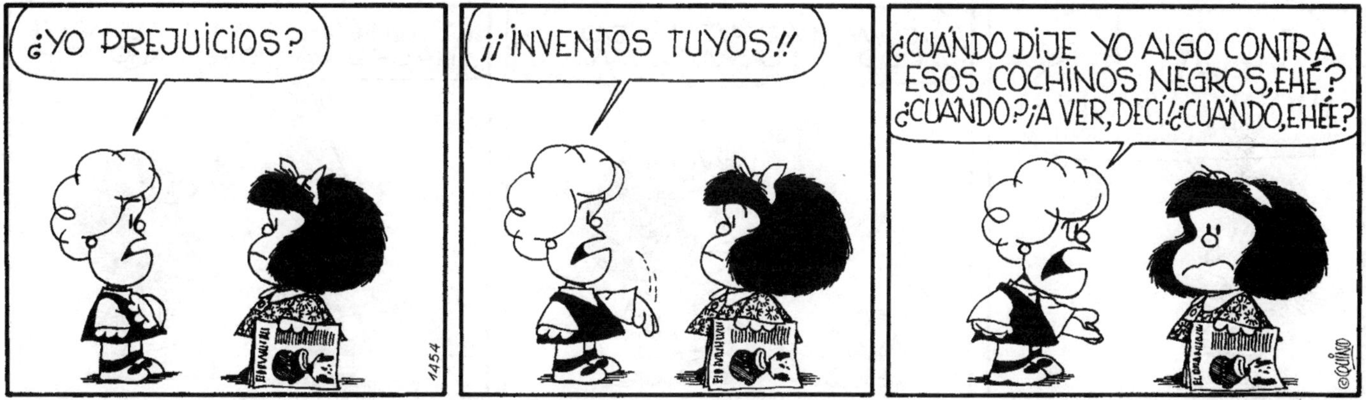
¿YO PREJUICIOS?
¡¡INVENTOS TUYOS!!
¿CUÁNDO DIJE YO ALGO CONTRA ESOS COCHINOS NEGROS, EHÉ? ¿CUÁNDO? ¡A VER, DECÍ! ¿CUÁNDO, EHÉE?

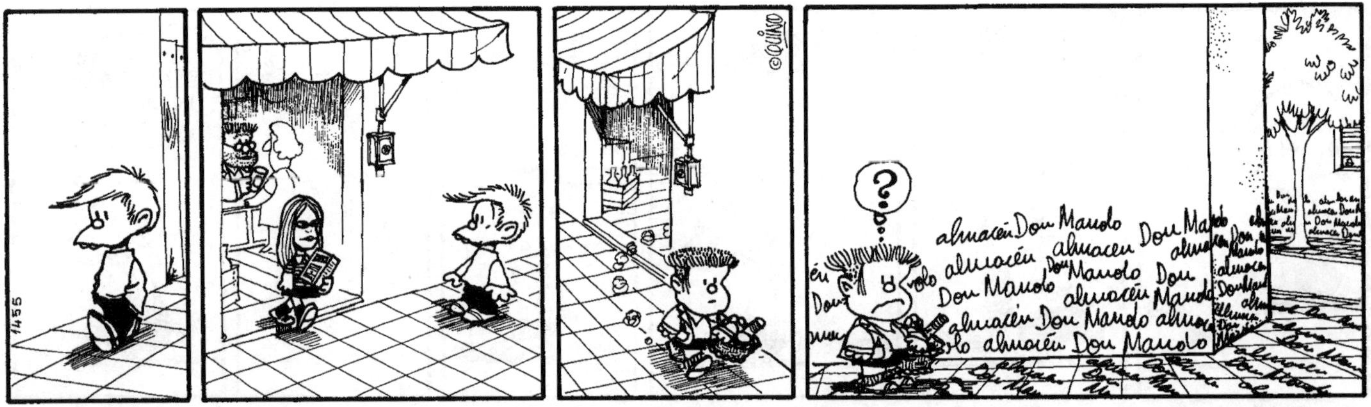
1455
©QUINO
?
almacén Don Manolo

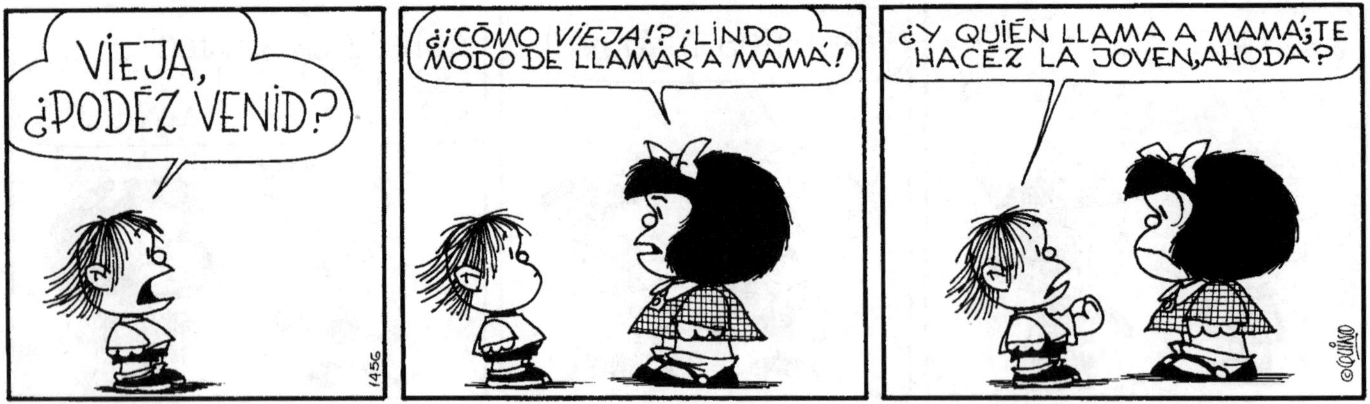
VIEJA, ¿PODÉZ VENID?
1456
¿¡CÓMO *VIEJA!*? ¡LINDO MODO DE LLAMAR A MAMÁ!
¿Y QUIÉN LLAMA A MAMÁ; TE HACÉZ LA JOVEN, AHODA?
©QUINO

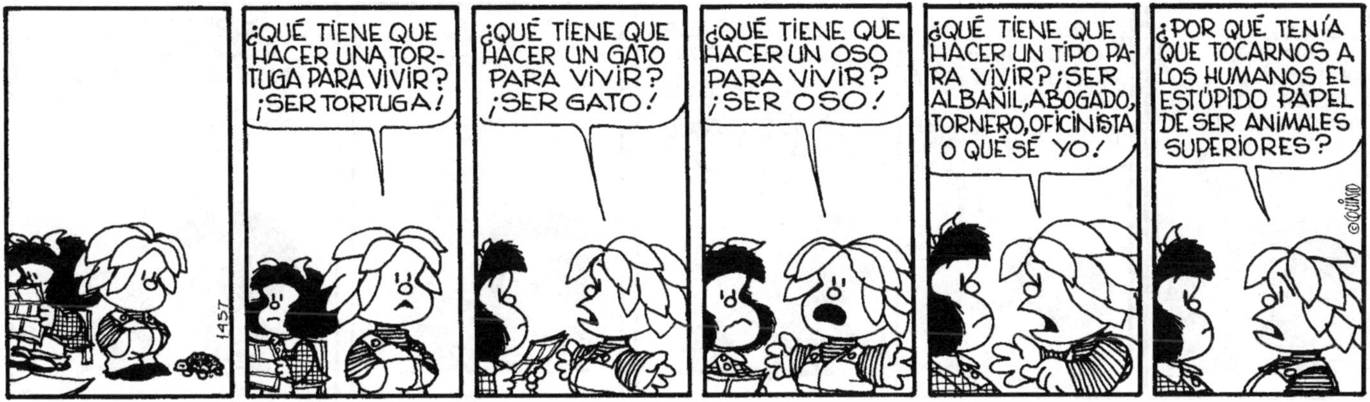
1457
¿QUÉ TIENE QUE HACER UNA TORTUGA PARA VIVIR? ¡SER TORTUGA!
¿QUÉ TIENE QUE HACER UN GATO PARA VIVIR? ¡SER GATO!
¿QUÉ TIENE QUE HACER UN OSO PARA VIVIR? ¡SER OSO!
¿QUÉ TIENE QUE HACER UN TIPO PARA VIVIR? ¡SER ALBAÑIL, ABOGADO, TORNERO, OFICINISTA O QUÉ SÉ YO!
¿POR QUÉ TENÍA QUE TOCARNOS A LOS HUMANOS EL ESTÚPIDO PAPEL DE SER ANIMALES SUPERIORES?
©QUINO

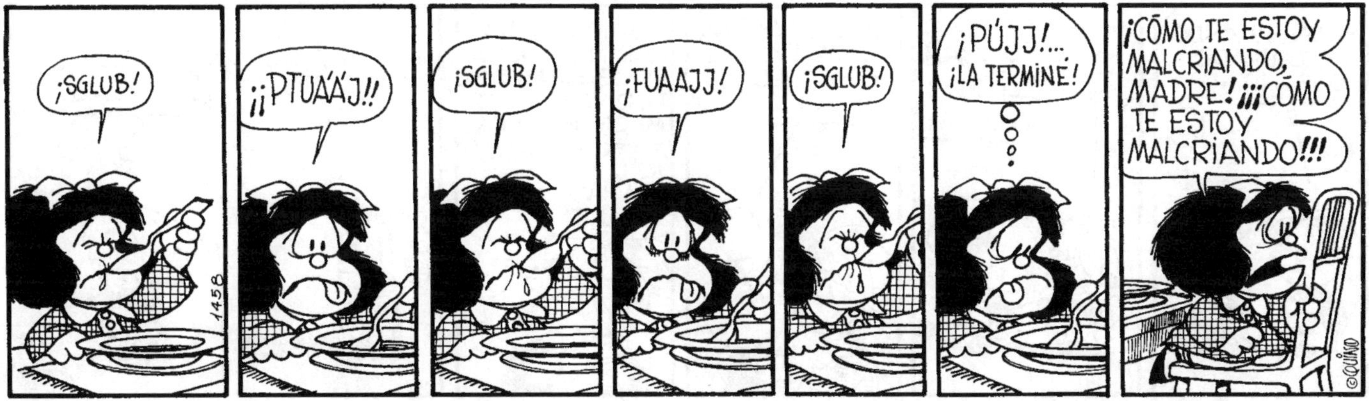
1458
¡SGLUB!
¡¡PTUÁÁJ!!
¡SGLUB!
¡FUAAJJ!
¡SGLUB!
¡PÚJJ!... ¡LA TERMINÉ!
¡CÓMO TE ESTOY MALCRIANDO, MADRE! ¡¡¡CÓMO TE ESTOY MALCRIANDO!!!
©QUINO

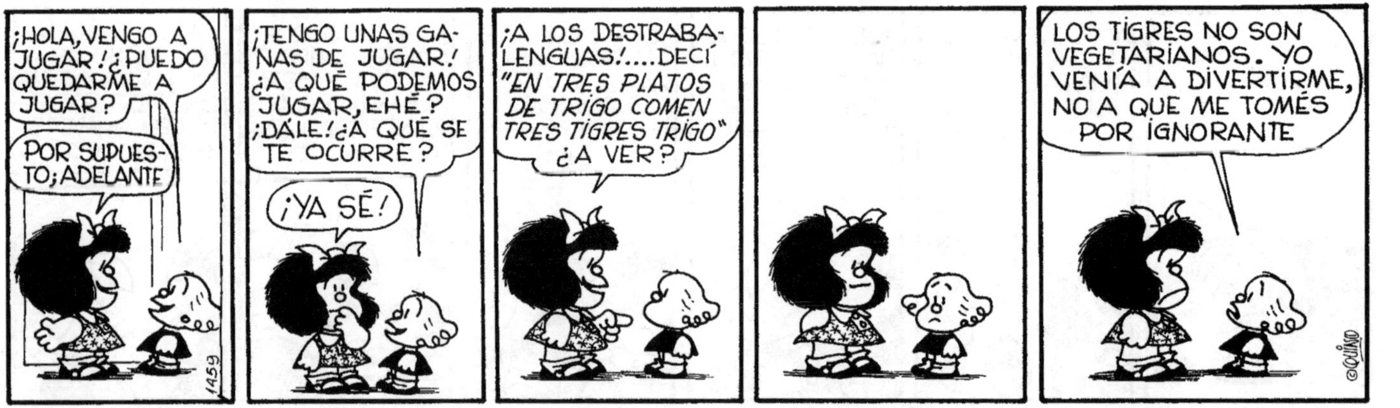

¡HOLA, VENGO A JUGAR! ¿PUEDO QUEDARME A JUGAR?
POR SUPUESTO; ADELANTE
1459
¡TENGO UNAS GANAS DE JUGAR! ¿A QUÉ PODEMOS JUGAR, EHÉ? ¡DALE! ¿A QUÉ SE TE OCURRE?
¡YA SÉ!
¡A LOS DESTRABALENGUAS!....DECÍ *"EN TRES PLATOS DE TRIGO COMEN TRES TIGRES TRIGO"* ¿A VER?
LOS TIGRES NO SON VEGETARIANOS. YO VENÍA A DIVERTIRME, NO A QUE ME TOMÉS POR IGNORANTE
©QUINO

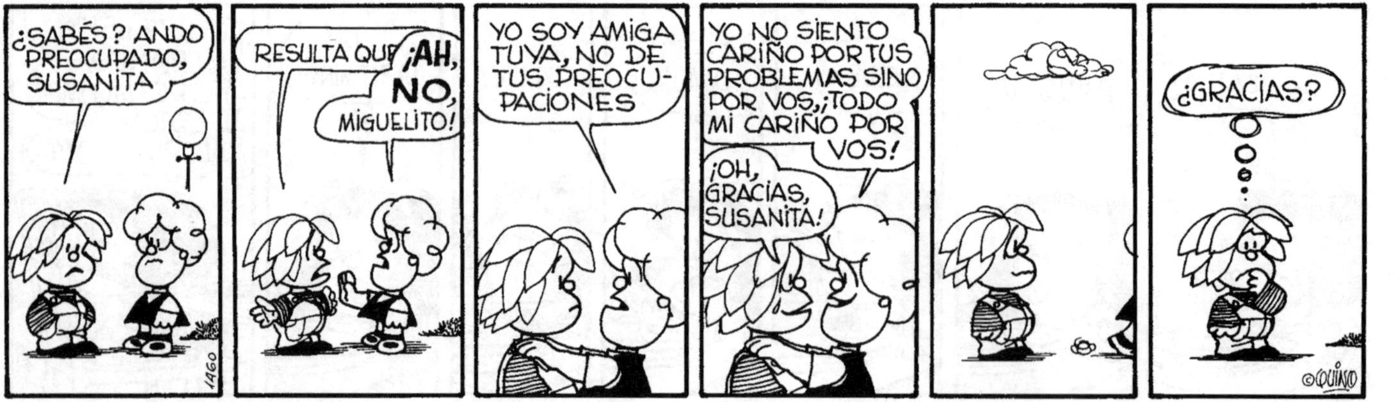

¿SABÉS? ANDO PREOCUPADO, SUSANITA
1460
RESULTA QUE
¡AH, NO, MIGUELITO!
YO SOY AMIGA TUYA, NO DE TUS PREOCUPACIONES
YO NO SIENTO CARIÑO POR TUS PROBLEMAS SINO POR VOS, ¡TODO MI CARIÑO POR VOS!
¡OH, GRACIAS, SUSANITA!
¿GRACIAS?
©QUINO

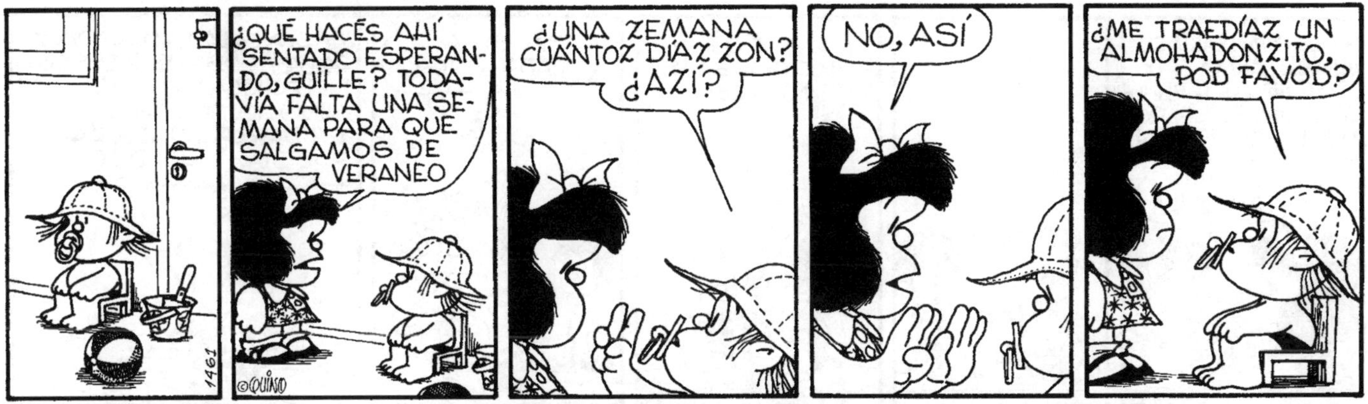
1461
©QUINO
¿QUÉ HACÉS AHÍ SENTADO ESPERANDO, GUILLE? TODAVÍA FALTA UNA SEMANA PARA QUE SALGAMOS DE VERANEO
¿UNA ZEMANA CUÁNTOZ DÍAZ ZON? ¿AZÍ?
NO, ASÍ
¿ME TRAEDÍAZ UN ALMOHADONZITO, POD FAVOD?

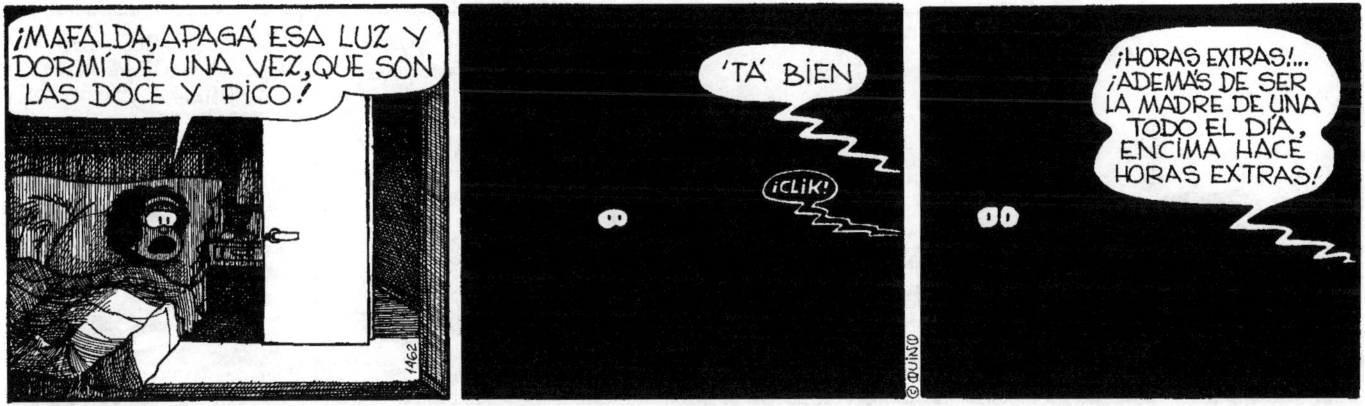
¡MAFALDA, APAGÁ ESA LUZ Y DORMÍ DE UNA VEZ, QUE SON LAS DOCE Y PICO!
1462
'TÁ BIEN
¡CLIK!
©QUINO
¡HORAS EXTRAS!... ¡ADEMÁS DE SER LA MADRE DE UNA TODO EL DÍA, ENCIMA HACE HORAS EXTRAS!

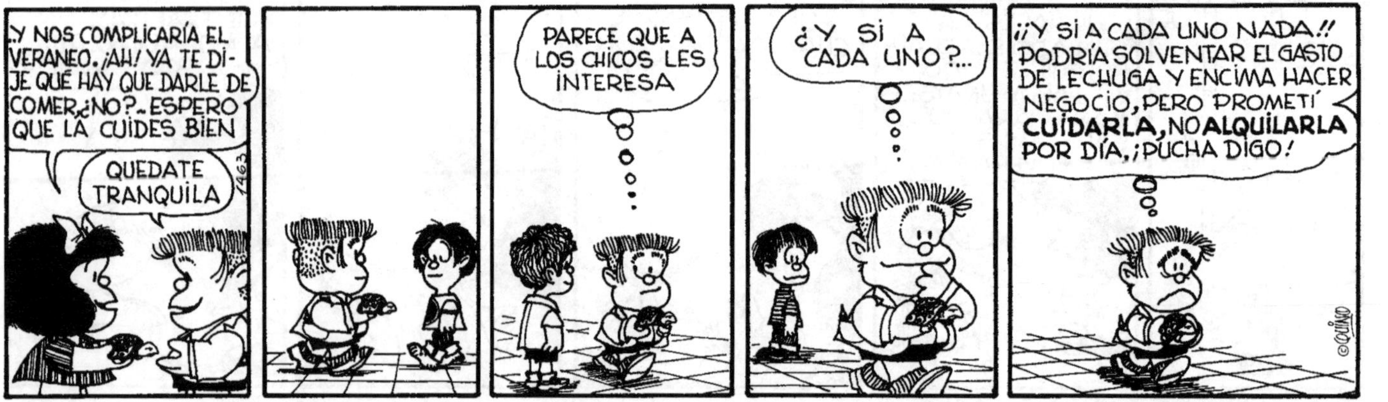
..Y NOS COMPLICARÍA EL VERANEO. ¡AH! YA TE DIJE QUÉ HAY QUE DARLE DE COMER,¿NO?.. ESPERO QUE LA CUIDES BIEN
QUEDATE TRANQUILA
1463
PARECE QUE A LOS CHICOS LES INTERESA
¿Y SI A CADA UNO?...
¡¡Y SI A CADA UNO NADA!! PODRÍA SOLVENTAR EL GASTO DE LECHUGA Y ENCIMA HACER NEGOCIO, PERO PROMETÍ **CUIDARLA**, NO **ALQUILARLA** POR DÍA, ¡PUCHA DIGO!
©QUINO

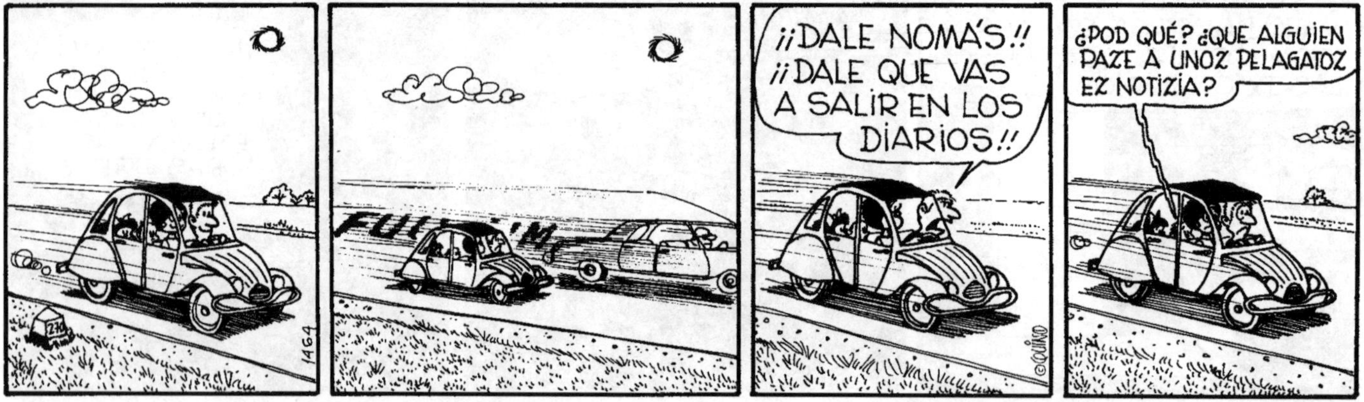
1464
FUIII'M
¡¡DALE NOMÁS!! ¡¡DALE QUE VAS A SALIR EN LOS DIARIOS!!
©QUINO
¿POD QUÉ? ¿QUE ALGUIEN PAZE A UNOZ PELAGATOZ EZ NOTIZIA?

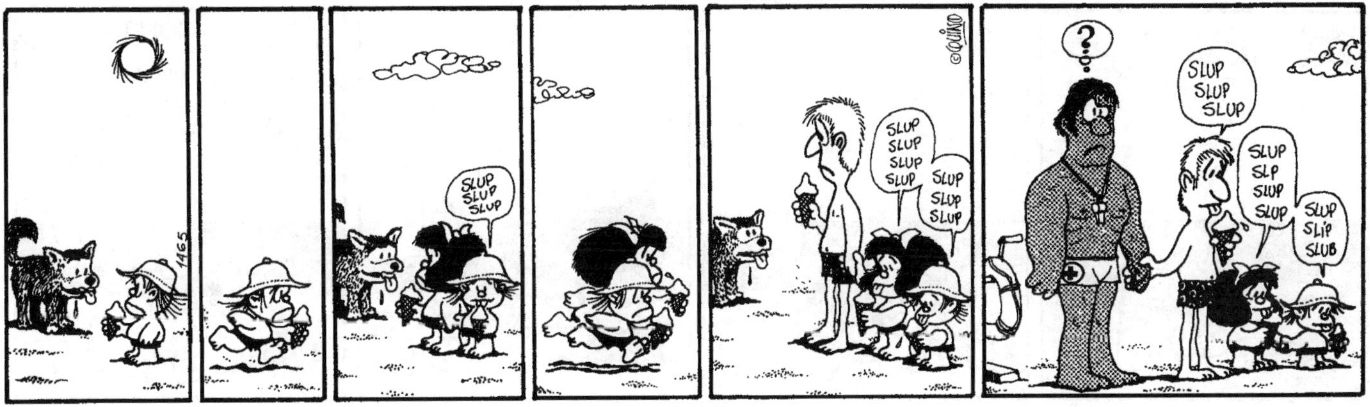

1465
SLUP SLUP SLUP
©QUINO
SLUP SLUP SLUP SLUP
SLUP SLUP SLUP
?
SLUP SLUP SLUP
SLUP SLP SLUP SLUP
SLUP SLIP SLUB

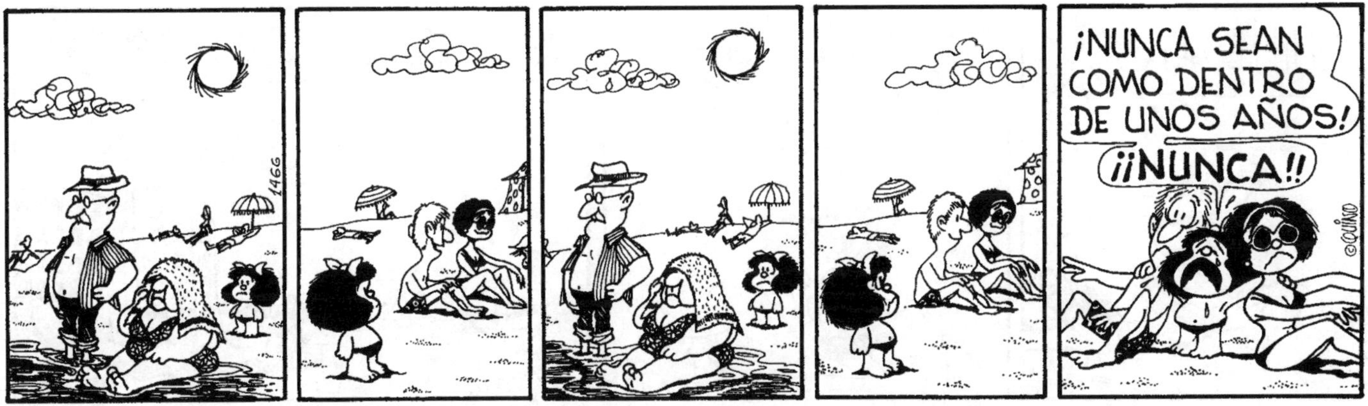

1466
¡NUNCA SEAN COMO DENTRO DE UNOS AÑOS!
¡¡NUNCA!!
©QUINO

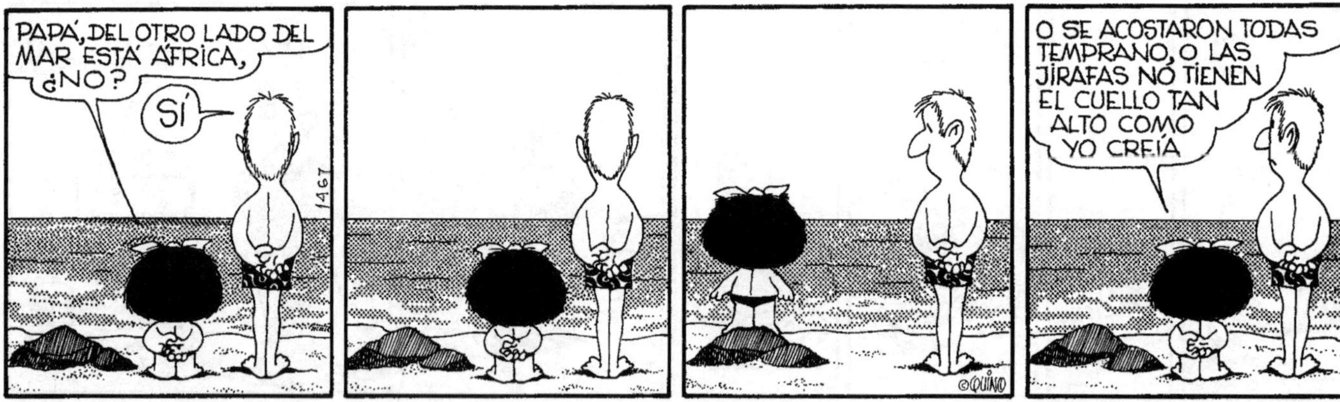
PAPÁ, DEL OTRO LADO DEL MAR ESTÁ ÁFRICA, ¿NO?
SÍ
1467
O SE ACOSTARON TODAS TEMPRANO, O LAS JIRAFAS NO TIENEN EL CUELLO TAN ALTO COMO YO CREÍA
©QUINO

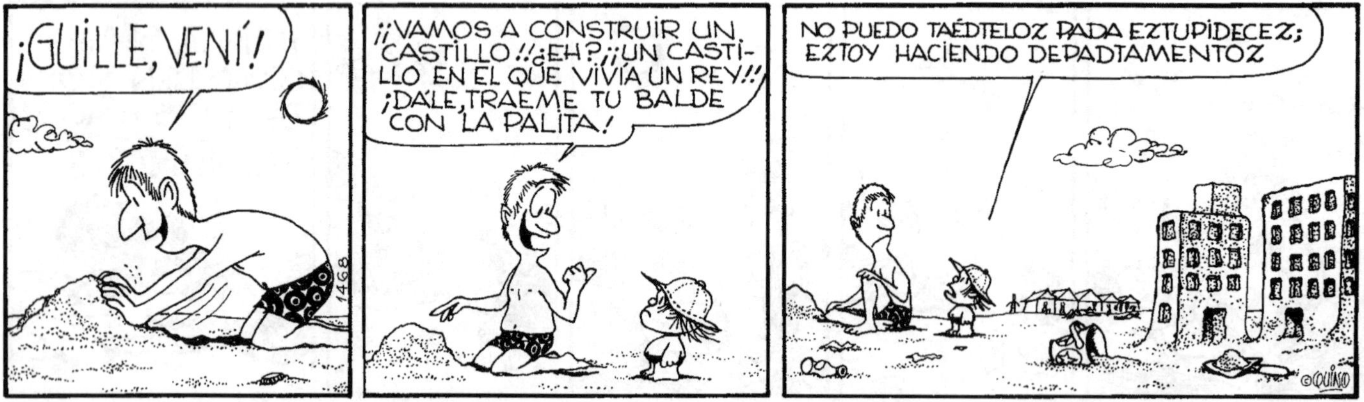
¡GUILLE, VENÍ!
1468
¡¡VAMOS A CONSTRUIR UN CASTILLO!! ¿EH? ¡¡UN CASTILLO EN EL QUE VIVÍA UN REY!! ¡DALE, TRAEME TU BALDE CON LA PALITA!
NO PUEDO TAÉDTELOZ PADA EZTUPIDECEZ; EZTOY HACIENDO DEPADTAMENTOZ
©QUINO

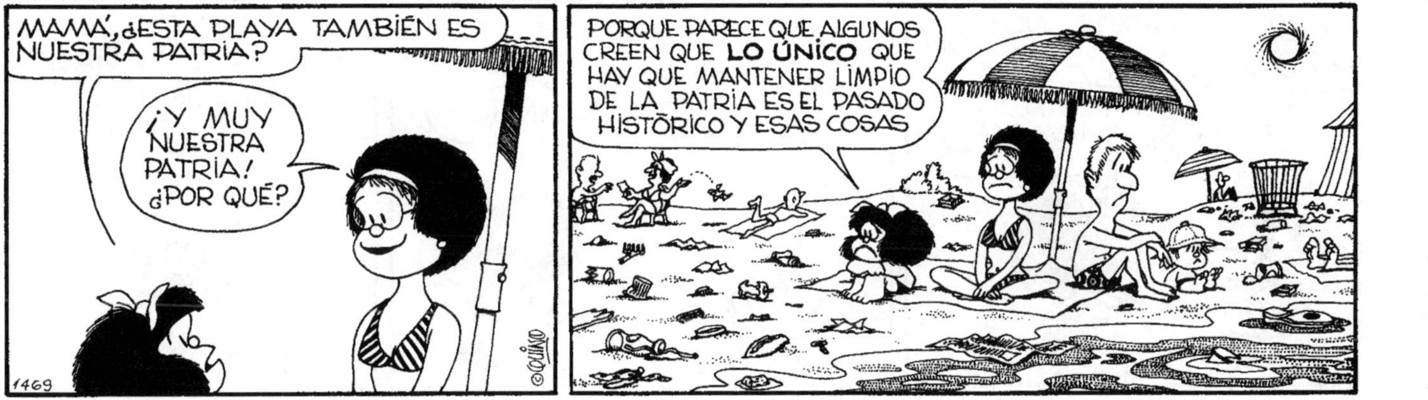
MAMÁ, ¿ESTA PLAYA TAMBIÉN ES NUESTRA PATRIA?
¡Y MUY NUESTRA PATRIA! ¿POR QUÉ?
1469
PORQUE PARECE QUE ALGUNOS CREEN QUE **LO ÚNICO** QUE HAY QUE MANTENER LIMPIO DE LA PATRIA ES EL PASADO HISTÓRICO Y ESAS COSAS

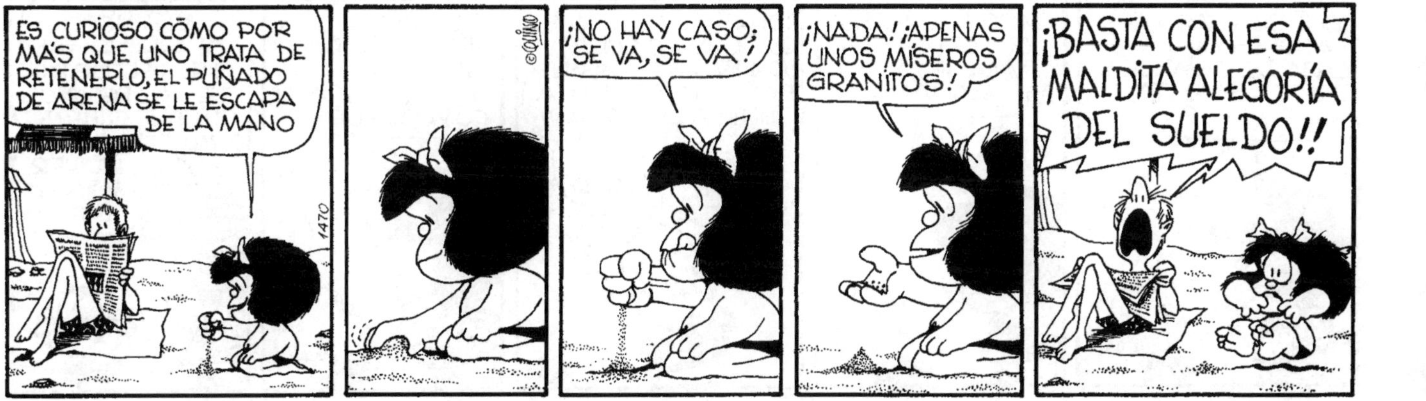
ES CURIOSO CÓMO POR MÁS QUE UNO TRATA DE RETENERLO, EL PUÑADO DE ARENA SE LE ESCAPA DE LA MANO
1470
¡NO HAY CASO; SE VA, SE VA!
¡NADA! ¡APENAS UNOS MÍSEROS GRANITOS!
¡BASTA CON ESA MALDITA ALEGORÍA DEL SUELDO!!

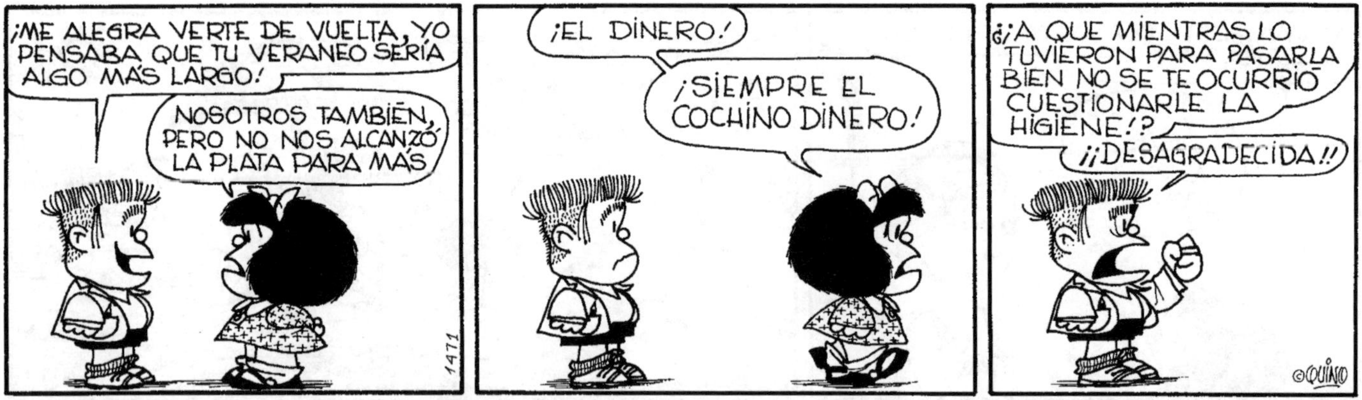
¡ME ALEGRA VERTE DE VUELTA, YO PENSABA QUE TU VERANEO SERÍA ALGO MÁS LARGO!
NOSOTROS TAMBIÉN, PERO NO NOS ALCANZÓ LA PLATA PARA MÁS
1471
¡EL DINERO!
¡SIEMPRE EL COCHINO DINERO!
¿¡A QUE MIENTRAS LO TUVIERON PARA PASARLA BIEN NO SE TE OCURRIÓ CUESTIONARLE LA HIGIENE!?
¡¡DESAGRADECIDA!!
©QUINO

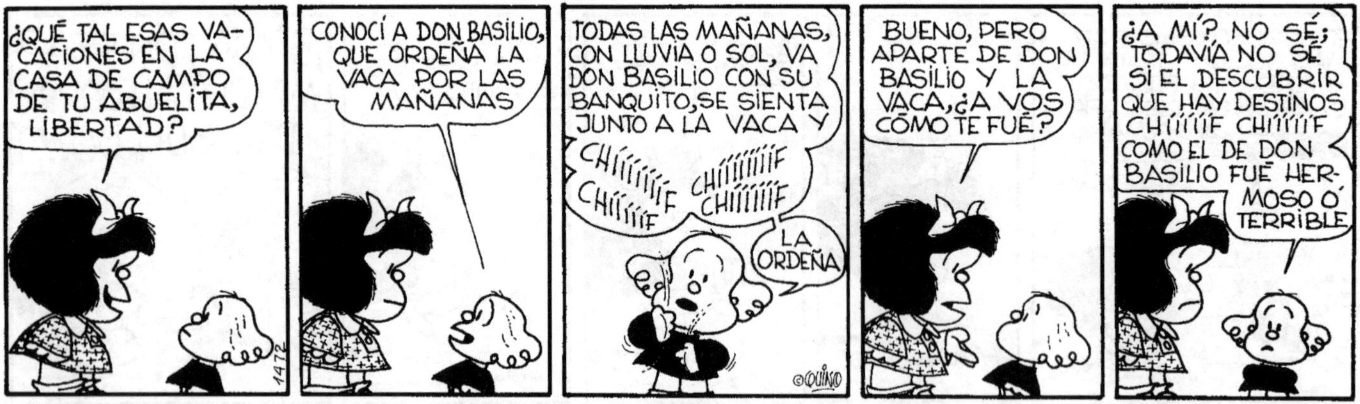
¿QUÉ TAL ESAS VACACIONES EN LA CASA DE CAMPO DE TU ABUELITA, LIBERTAD?
1472
CONOCÍ A DON BASILIO, QUE ORDEÑA LA VACA POR LAS MAÑANAS
TODAS LAS MAÑANAS, CON LLUVIA O SOL, VA DON BASILIO CON SU BANQUITO, SE SIENTA JUNTO A LA VACA Y
CHÍÍÍÍÍÍÍF CHÍÍÍÍÍÍÍÍÍF CHÍÍÍÍÍF CHÍÍÍÍÍÍÍF
LA ORDEÑA
©QUINO
BUENO, PERO APARTE DE DON BASILIO Y LA VACA, ¿A VOS CÓMO TE FUÉ?
¿A MÍ? NO SÉ; TODAVÍA NO SÉ SI EL DESCUBRIR QUE HAY DESTINOS CHÍÍÍÍÍF CHÍÍÍÍÍÍF COMO EL DE DON BASILIO FUÉ HERMOSO Ó TERRIBLE

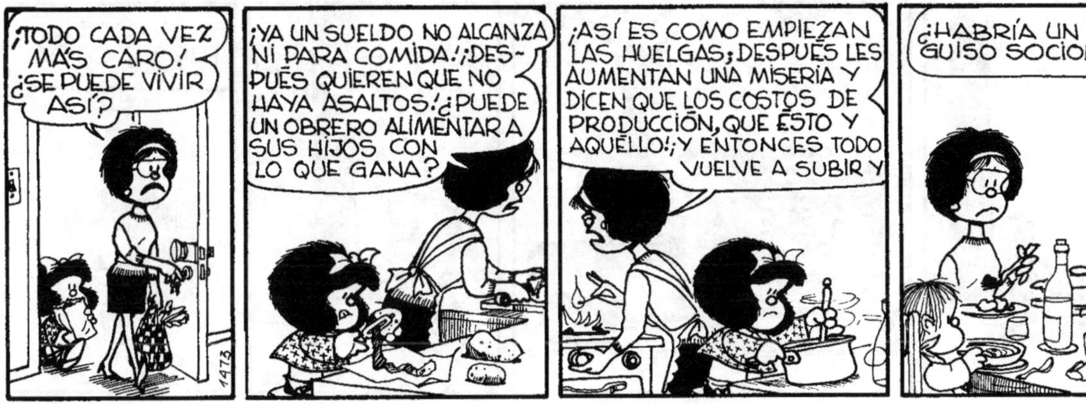
¡TODO CADA VEZ MÁS CARO! ¿SE PUEDE VIVIR ASÍ?
1473
¡YA UN SUELDO NO ALCANZA NI PARA COMIDA! ¡DESPUÉS QUIEREN QUE NO HAYA ASALTOS! ¿PUEDE UN OBRERO ALIMENTAR A SUS HIJOS CON LO QUE GANA?
¡ASÍ ES COMO EMPIEZAN LAS HUELGAS; DESPUÉS LES AUMENTAN UNA MISERIA Y DICEN QUE LOS COSTOS DE PRODUCCIÓN, QUE ÉSTO Y AQUÉLLO! ¡Y ENTONCES TODO VUELVE A SUBIR Y
¿HABRÍA UN POCO MÁS DEL GUISO SOCIOLÓGICO ESE, POR FAVOR?
©QUINO

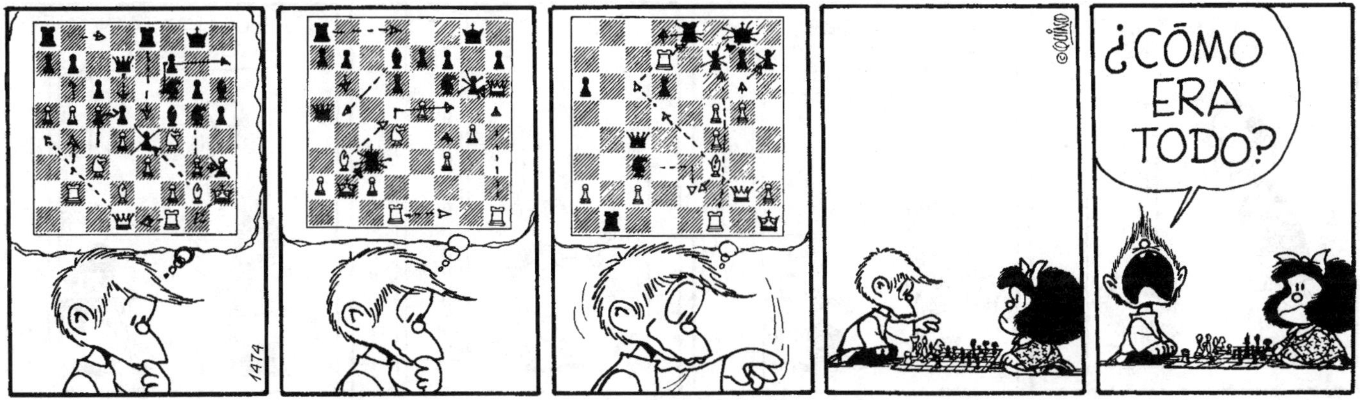
1474
©QUINO
¿CÓMO ERA TODO?

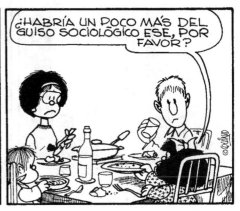

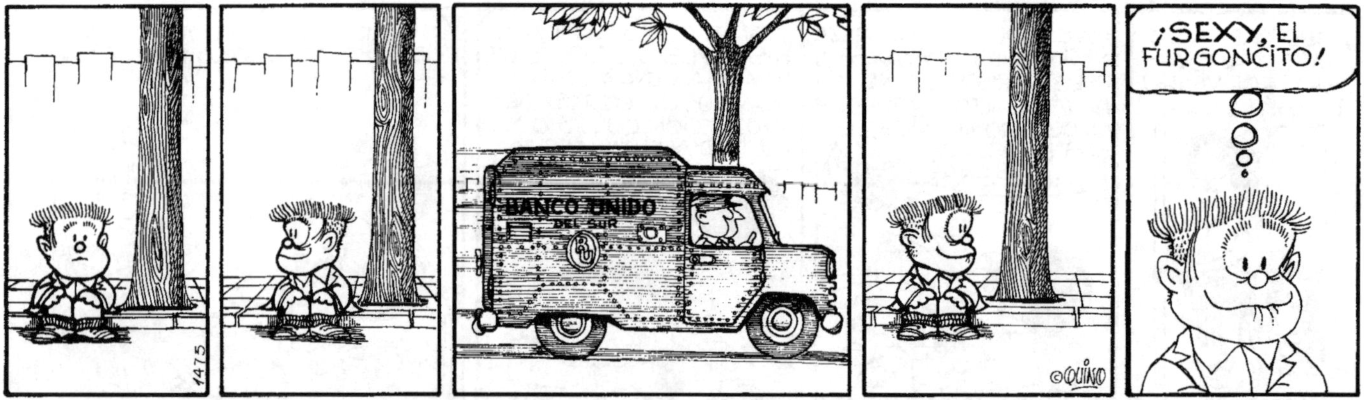
1475
BANCO UNIDO
DEL SUR
¡SEXY, EL FURGONCITO!
©QUINO

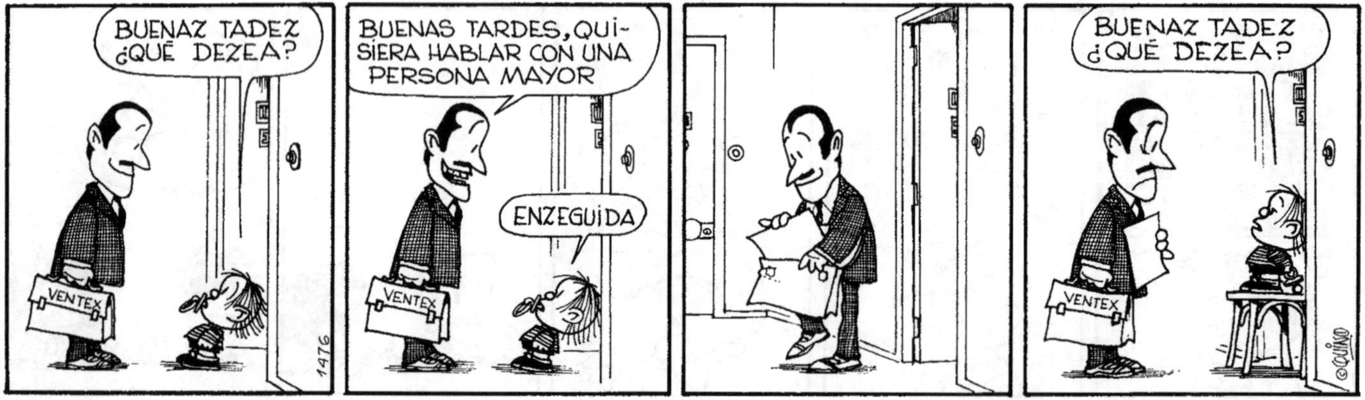
BUENAZ TADEZ ¿QUÉ DEZEA?
VENTEX
1476
BUENAS TARDES, QUI-SIERA HABLAR CON UNA PERSONA MAYOR
VENTEX
ENZEGUIDA
BUENAZ TADEZ ¿QUÉ DEZEA?
VENTEX
©QUINO

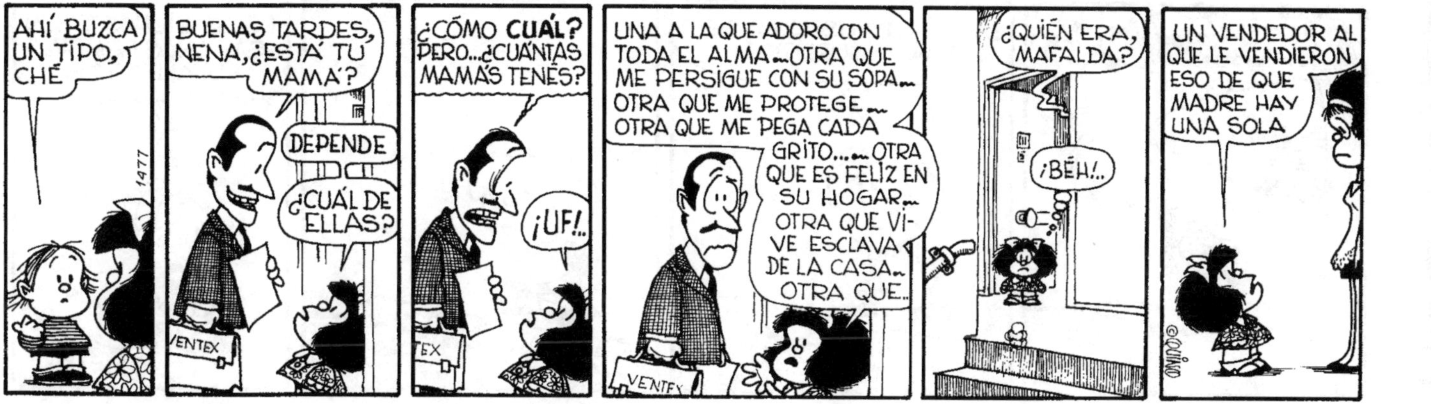

AHÍ BUZCA UN TIPO, CHÉ
1477
BUENAS TARDES, NENA, ¿ESTÁ TU MAMÁ?
DEPENDE
¿CUÁL DE ELLAS?
VENTEX
¿CÓMO **CUÁL?** PERO... ¿CUÁNTAS MAMÁS TENÉS?
TEX
¡UF!..
UNA A LA QUE ADORO CON TODA EL ALMA... OTRA QUE ME PERSIGUE CON SU SOPA... OTRA QUE ME PROTEGE... OTRA QUE ME PEGA CADA GRITO...... OTRA QUE ES FELIZ EN SU HOGAR... OTRA QUE VIVE ESCLAVA DE LA CASA... OTRA QUE..
VENTEX
¿QUIÉN ERA, MAFALDA?
¡BÉH!..
UN VENDEDOR AL QUE LE VENDIERON ESO DE QUE MADRE HAY UNA SOLA
©QUINO

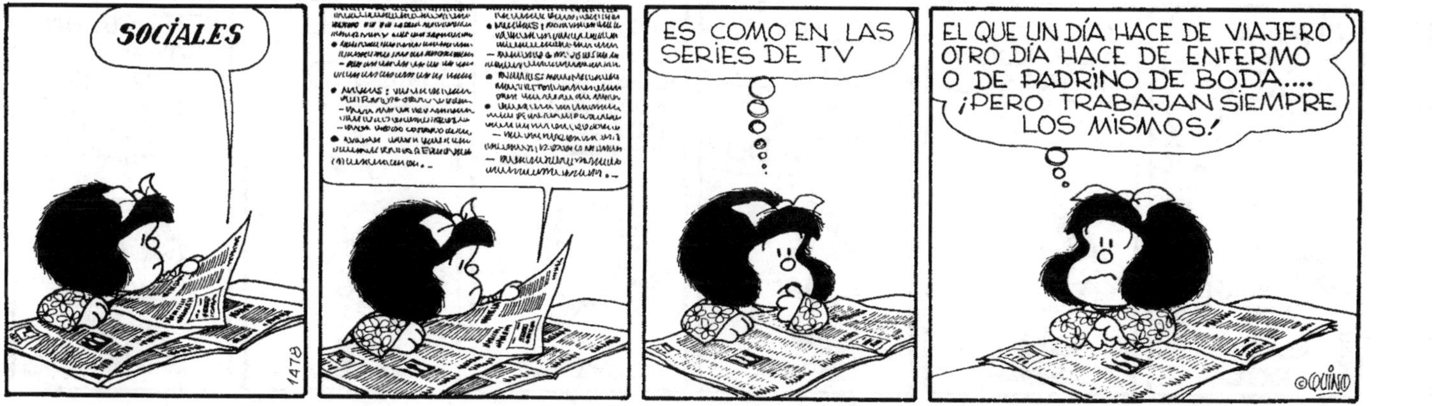

SOCIALES
1478
ES COMO EN LAS SERIES DE TV
EL QUE UN DÍA HACE DE VIAJERO OTRO DÍA HACE DE ENFERMO O DE PADRINO DE BODA.... ¡PERO TRABAJAN SIEMPRE LOS MISMOS!
©QUINO

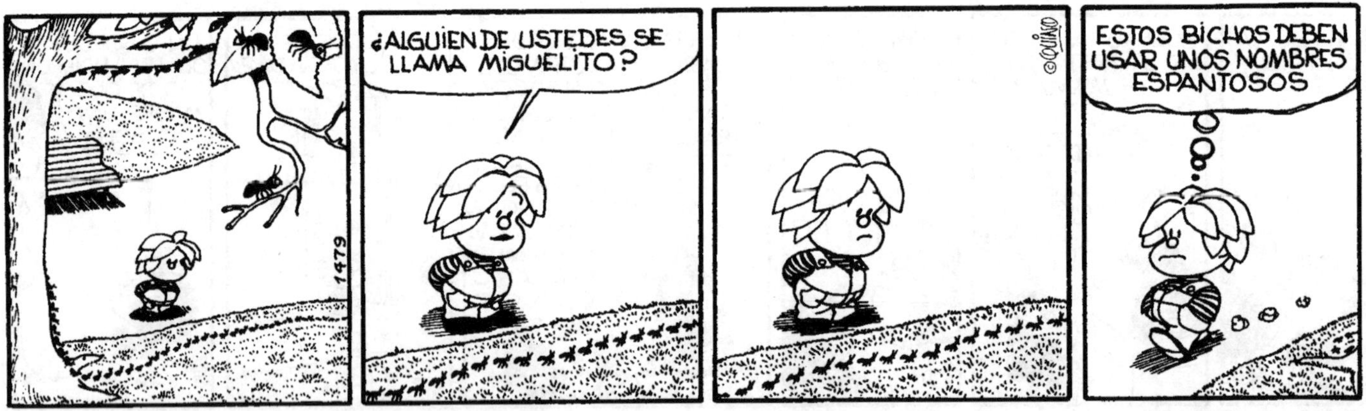
1479
¿ALGUIEN DE USTEDES SE LLAMA MIGUELITO?
©QUINO
ESTOS BICHOS DEBEN USAR UNOS NOMBRES ESPANTOSOS

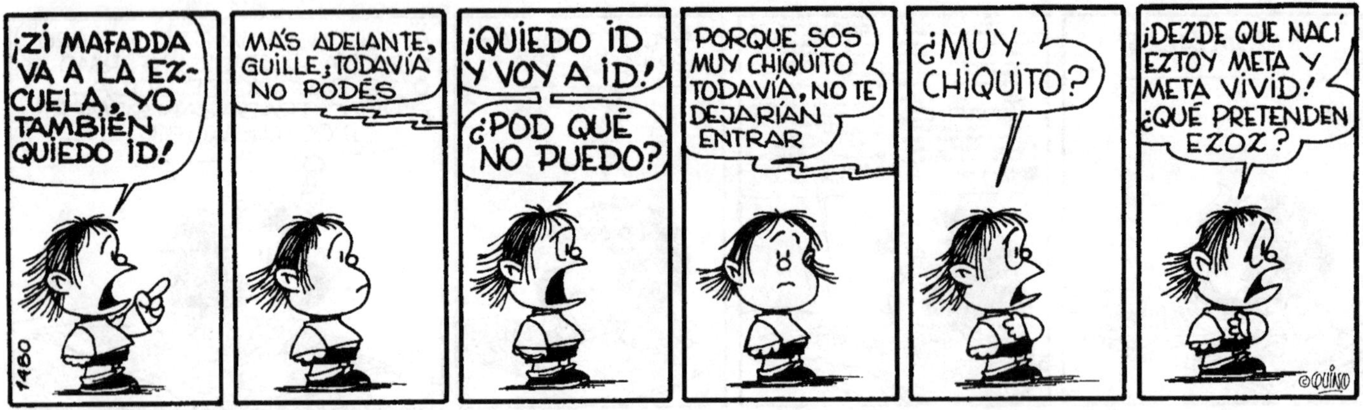
1480
¡ZI MAFADDA VA A LA EZCUELA, YO TAMBIÉN QUIEDO ID!
MÁS ADELANTE, GUILLE; TODAVÍA NO PODÉS
¡QUIEDO ID Y VOY A ID!
¿POD QUÉ NO PUEDO?
PORQUE SOS MUY CHIQUITO TODAVÍA, NO TE DEJARÍAN ENTRAR
¿MUY CHIQUITO?
¡DEZDE QUE NACÍ EZTOY META Y META VIVID! ¿QUÉ PRETENDEN EZOZ?
©QUINO

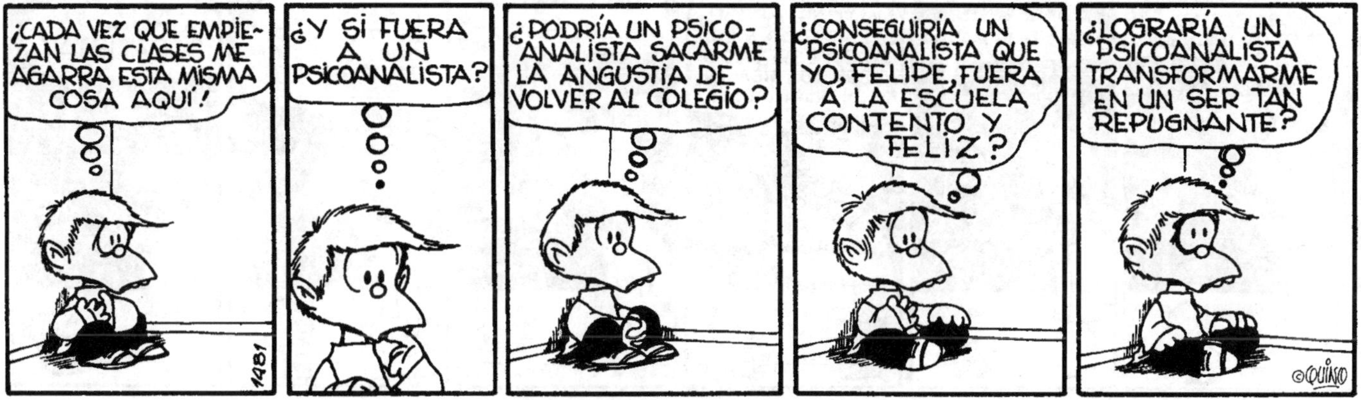
¡CADA VEZ QUE EMPIEZAN LAS CLASES ME AGARRA ESTA MISMA COSA AQUÍ!
1481
¿Y SI FUERA A UN PSICOANALISTA?
¿PODRÍA UN PSICOANALISTA SACARME LA ANGUSTIA DE VOLVER AL COLEGIO?
¿CONSEGUIRÍA UN PSICOANALISTA QUE YO, FELIPE, FUERA A LA ESCUELA CONTENTO Y FELIZ?
¿LOGRARÍA UN PSICOANALISTA TRANSFORMARME EN UN SER TAN REPUGNANTE?
©QUINO

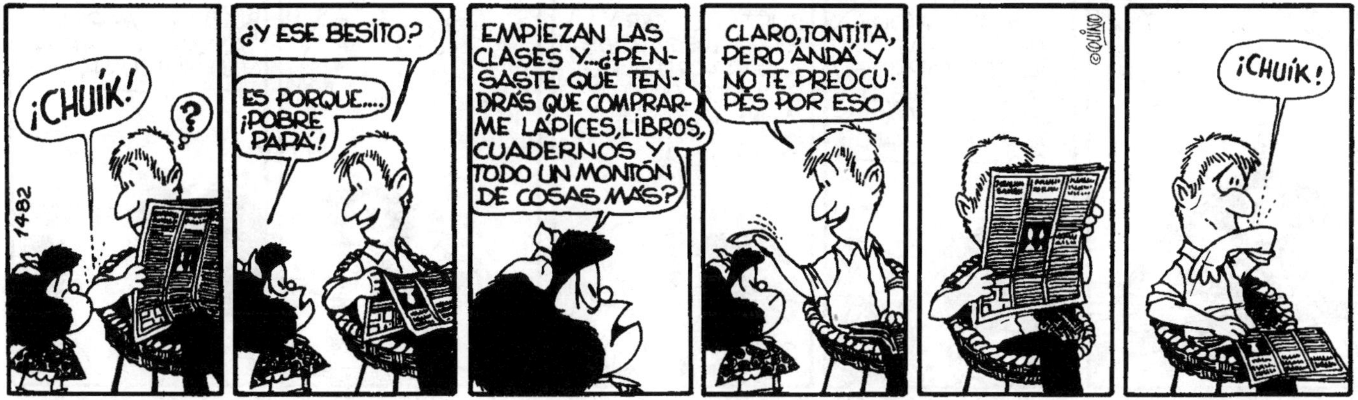
1482
¡CHUIK!
?
¿Y ESE BESITO?
ES PORQUE.... ¡POBRE PAPÁ!
EMPIEZAN LAS CLASES Y...¿PENSASTE QUE TENDRÁS QUE COMPRARME LÁPICES, LIBROS, CUADERNOS Y TODO UN MONTÓN DE COSAS MÁS?
CLARO, TONTITA, PERO ANDÁ Y NO TE PREOCUPES POR ESO
©QUINO
¡CHUIK!

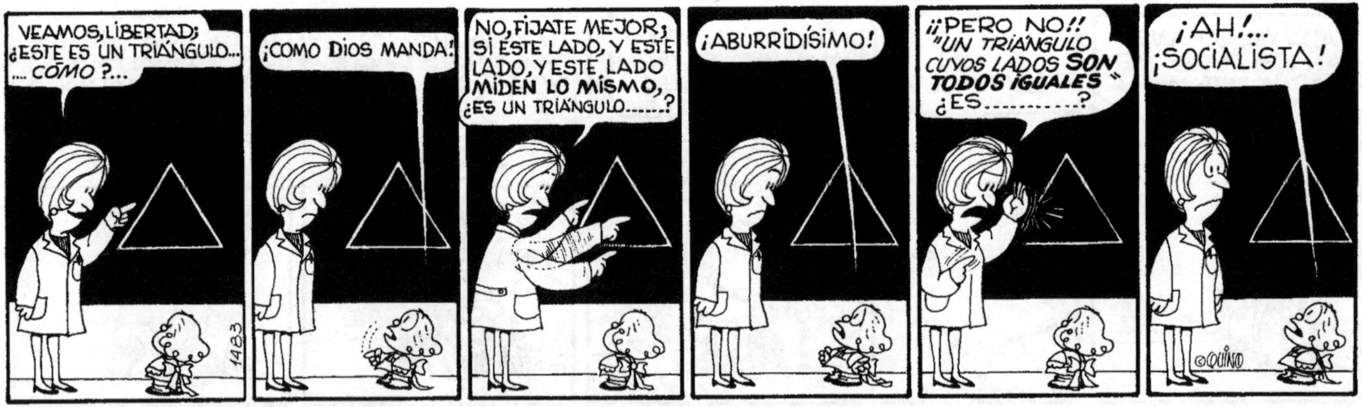

VEAMOS, LIBERTAD; ¿ESTE ES UN TRIÁNGULO... .... CÓMO ?...
1483
¡COMO DIOS MANDA!
NO, FIJATE MEJOR; SI ESTE LADO, Y ESTE LADO, Y ESTE LADO MIDEN LO MISMO, ¿ES UN TRIÁNGULO.......?
¡ABURRIDÍSIMO!
¡¡PERO NO!! "UN TRIÁNGULO CUYOS LADOS SON TODOS IGUALES" ¿ES..........?
¡AH!... ¡SOCIALISTA!
©QUINO

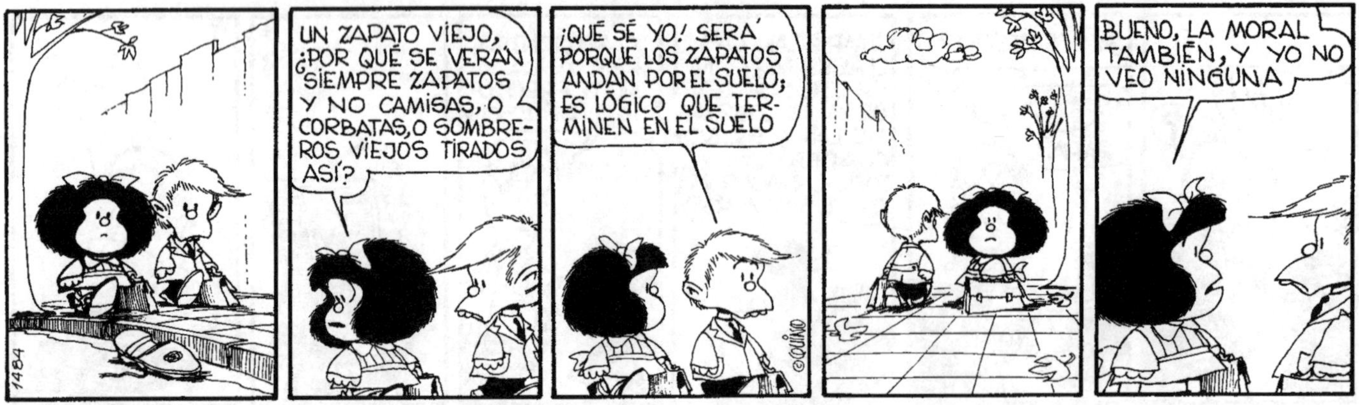

1484
UN ZAPATO VIEJO, ¿POR QUÉ SE VERÁN SIEMPRE ZAPATOS Y NO CAMISAS, O CORBATAS, O SOMBREROS VIEJOS TIRADOS ASÍ?
¡QUÉ SÉ YO! SERÁ PORQUE LOS ZAPATOS ANDAN POR EL SUELO; ES LÓGICO QUE TERMINEN EN EL SUELO
©QUINO
BUENO, LA MORAL TAMBIÉN, Y YO NO VEO NINGUNA

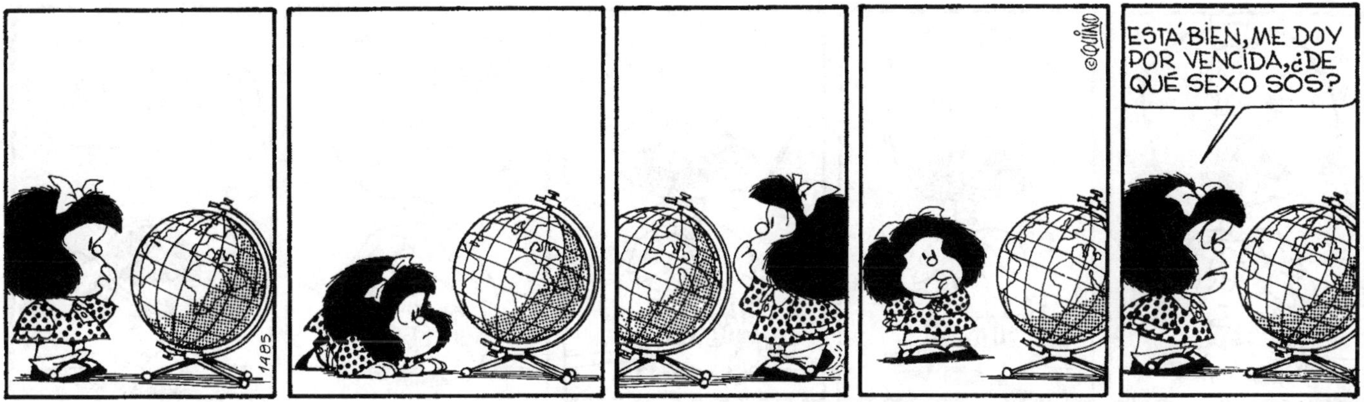
©QUINO
1485
ESTÁ BIEN, ME DOY POR VENCIDA, ¿DE QUÉ SEXO SOS?

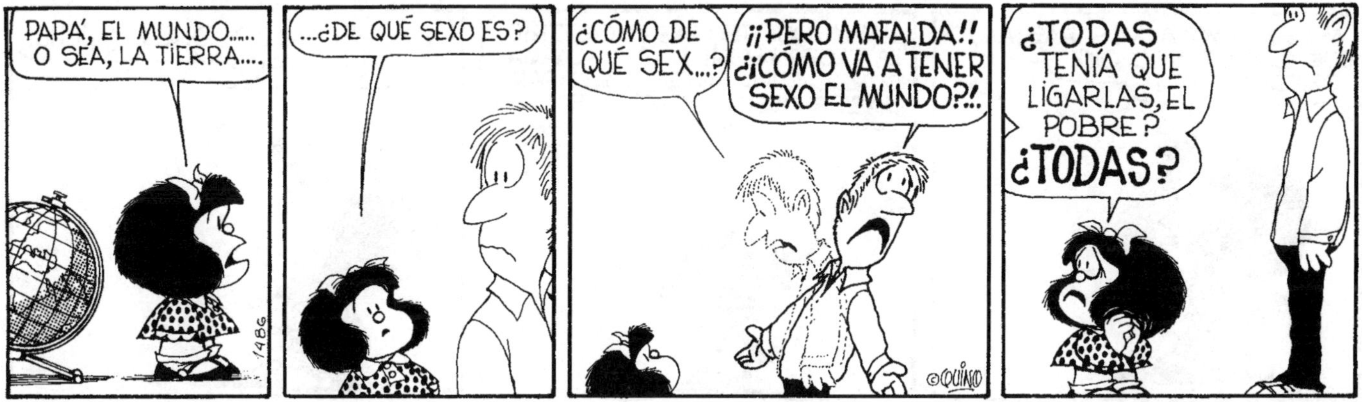
PAPÁ, EL MUNDO..... O SEA, LA TIERRA....
1486
...¿DE QUÉ SEXO ES?
¿CÓMO DE QUÉ SEX...?
¡¡PERO MAFALDA!! ¿¡CÓMO VA A TENER SEXO EL MUNDO?!
©QUINO
¿TODAS TENÍA QUE LIGARLAS, EL POBRE? ¿TODAS?

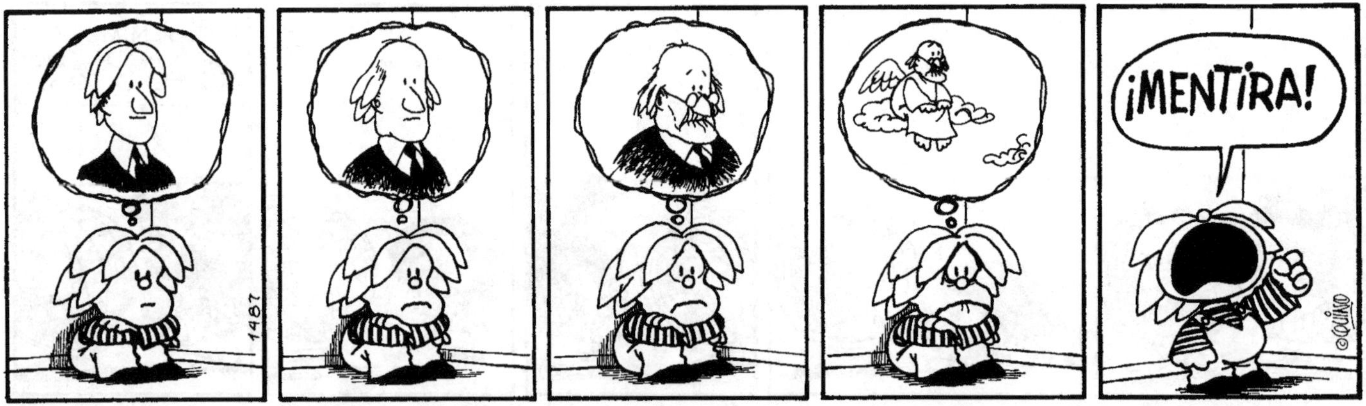
¡MENTIRA!
1487
©QUINO

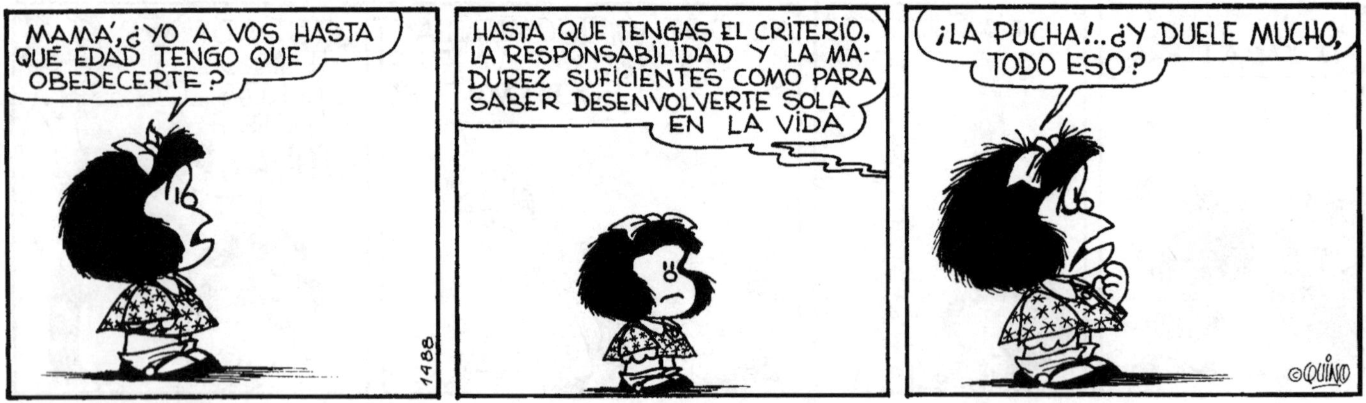
MAMÁ, ¿YO A VOS HASTA QUÉ EDAD TENGO QUE OBEDECERTE?
1488
HASTA QUE TENGAS EL CRITERIO, LA RESPONSABILIDAD Y LA MADUREZ SUFICIENTES COMO PARA SABER DESENVOLVERTE SOLA EN LA VIDA
¡LA PUCHA!.. ¿Y DUELE MUCHO, TODO ESO?
©QUINO

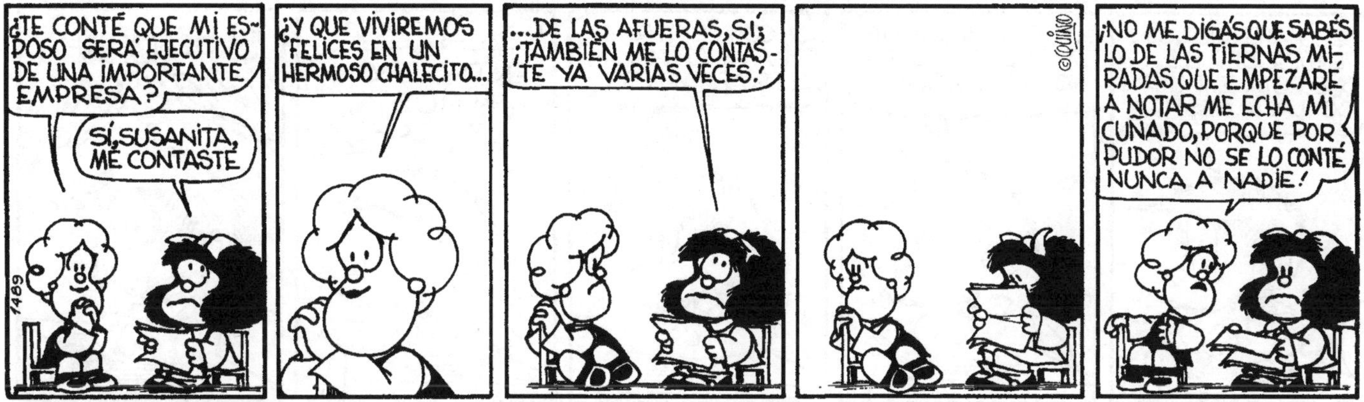
1489
¿TE CONTÉ QUE MI ESPOSO SERÁ EJECUTIVO DE UNA IMPORTANTE EMPRESA?
SÍ, SUSANITA, ME CONTASTE
¿Y QUE VIVIREMOS FELICES EN UN HERMOSO CHALECITO...
...DE LAS AFUERAS, SÍ; ¡TAMBIÉN ME LO CONTASTE YA VARIAS VECES!
©QUINO
¡NO ME DIGÁS QUE SABÉS LO DE LAS TIERNAS MIRADAS QUE EMPEZARÉ A NOTAR ME ECHA MI CUÑADO, PORQUE POR PUDOR NO SE LO CONTÉ NUNCA A NADIE!

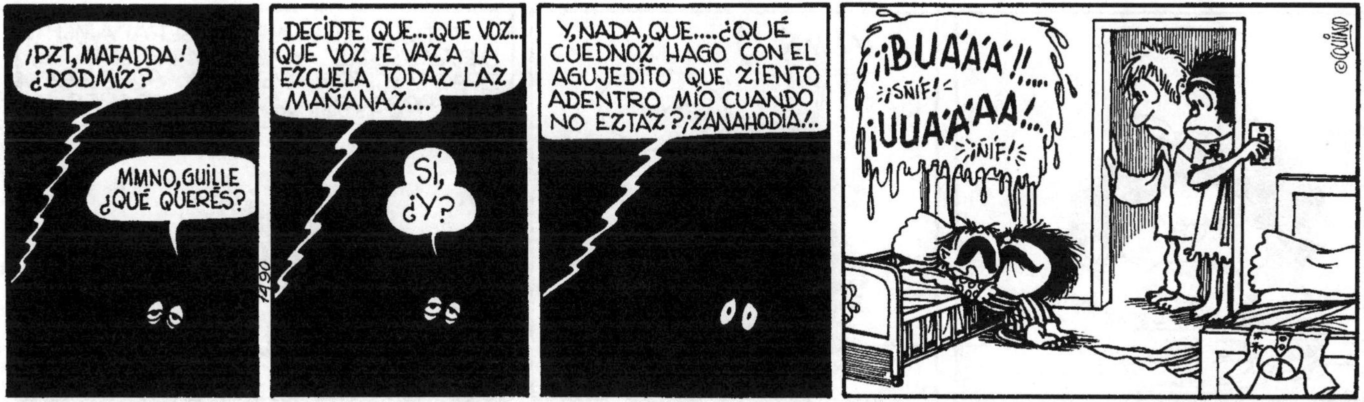
¡PZT, MAFADDA! ¿DODMÍZ?
MMNO, GUILLE ¿QUÉ QUERÉS?
1490
DECIDTE QUE....QUE VOZ... QUE VOZ TE VAZ A LA EZCUELA TODAZ LAZ MAÑANAZ....
SÍ, ¿Y?
Y, NADA, QUE....¿QUÉ CUEDNOZ HAGO CON EL AGUJEDITO QUE ZIENTO ADENTRO MÍO CUANDO NO EZTÁZ? ¡ZANAHODIA!..
¡¡BUAÁÁÁ!!....
¡SÑIF!
¡UUAÁAA!...
¡ÑIF!
©QUINO

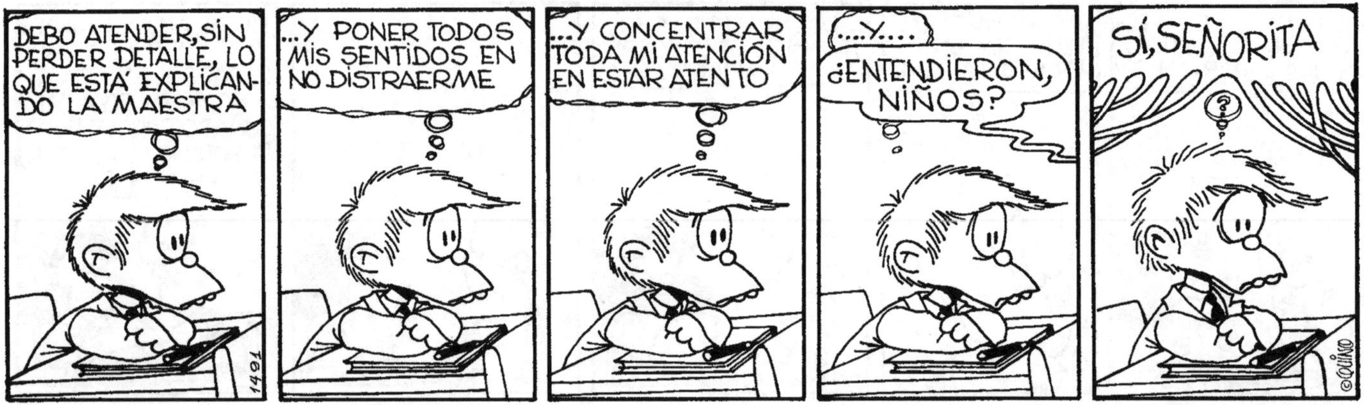
DEBO ATENDER, SIN PERDER DETALLE, LO QUE ESTÁ EXPLICANDO LA MAESTRA
...Y PONER TODOS MIS SENTIDOS EN NO DISTRAERME
...Y CONCENTRAR TODA MI ATENCIÓN EN ESTAR ATENTO
....Y....
¿ENTENDIERON, NIÑOS?
SÍ, SEÑORITA
1491
©QUINO

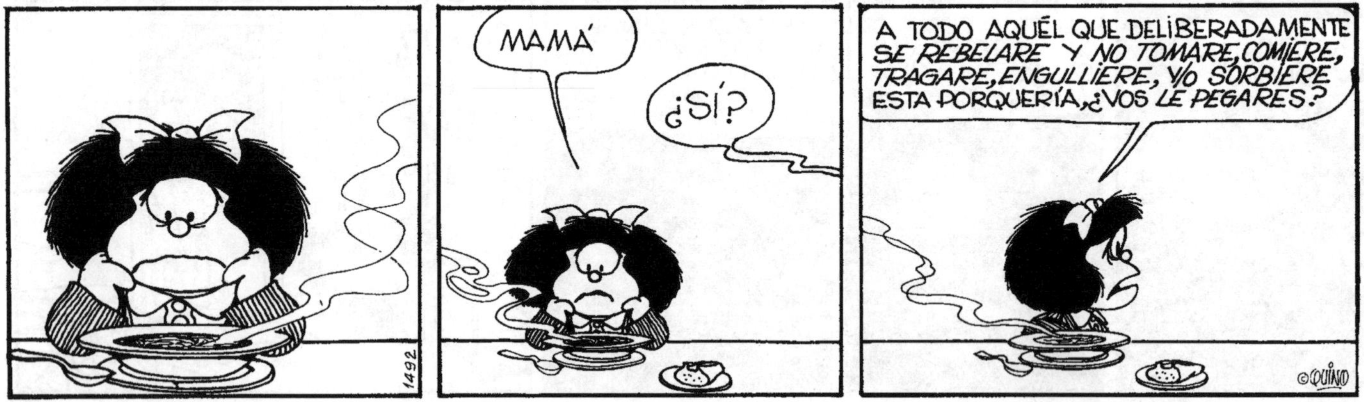
MAMÁ
¿SÍ?
A TODO AQUÉL QUE DELIBERADAMENTE *SE REBELARE* Y *NO TOMARE, COMIERE, TRAGARE, ENGULLIERE, Y/O SORBIERE* ESTA PORQUERÍA, ¿VOS *LE PEGARES*?
1492
©QUINO

¡TUMP!

¿QUÉ PASA? ¿QUIÉN CERRÓ CON LLAVE?

¿SON LOCOS? ¿QUÉ ES ESTO DE ENCERRARSE ASÍ?

ÉTICA, PERO PASÁ, ¡IGUAL YA TERMINÁBAMOS DE HABLAR DE LOS PADRES!

1493

AUXILIO

1494

OTRO QUE CREYÓ QUE LO ÚNICO QUE HAY POR DELANTE ES EL PORVENIR

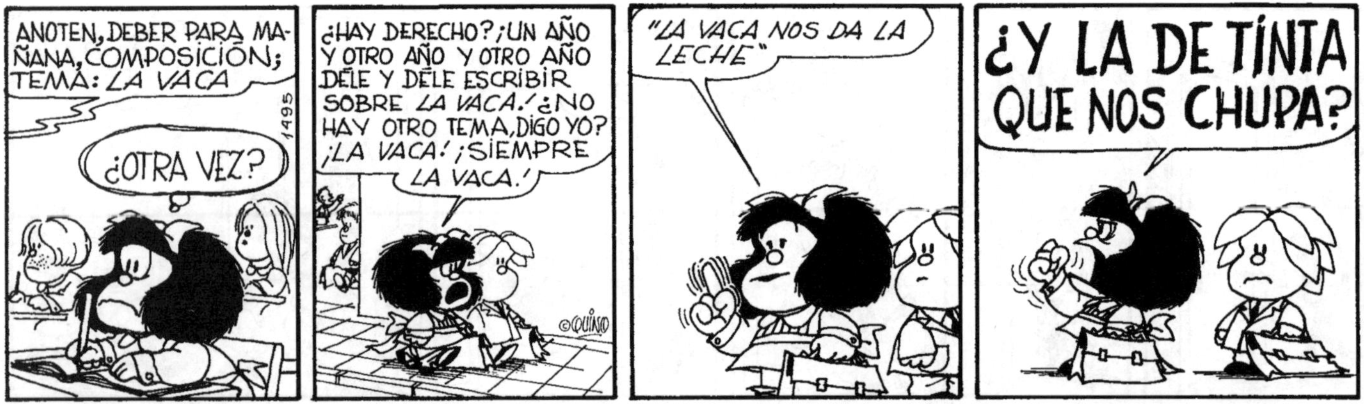
ANOTEN, DEBER PARA MAÑANA, COMPOSICIÓN; TEMA: *LA VACA*
¿OTRA VEZ?
1495
¿HAY DERECHO? ¡UN AÑO Y OTRO AÑO Y OTRO AÑO DÉLE Y DÉLE ESCRIBIR SOBRE *LA VACA*! ¿NO HAY OTRO TEMA, DIGO YO? ¡*LA VACA*! ¡SIEMPRE *LA VACA*!
©QUINO
"*LA VACA NOS DA LA LECHE*"
¿Y LA DE TINTA QUE NOS CHUPA?

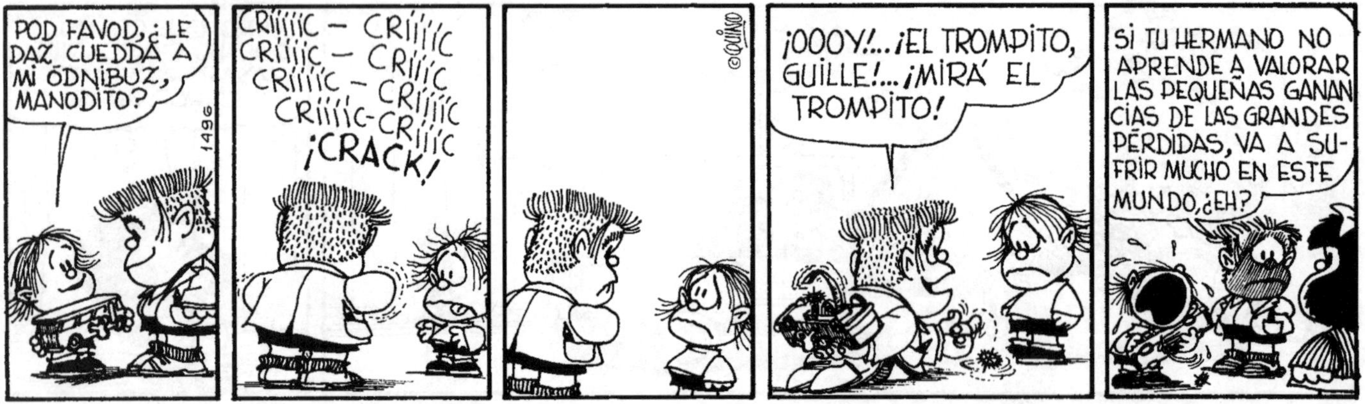
POD FAVOD, ¿LE DAZ CUEDDA A MI ÓDNIBUZ, MANODITO?
1496
CRIIIIC – CRIIIIC
CRIIIIC – CRIIIIC
CRIIIIC – CRIIIIC
CRIIIIC – CRIIIIC
¡CRACK!
©QUINO
¡OOOY!... ¡EL TROMPITO, GUILLE!... ¡MIRÁ EL TROMPITO!
SI TU HERMANO NO APRENDE A VALORAR LAS PEQUEÑAS GANANCIAS DE LAS GRANDES PÉRDIDAS, VA A SUFRIR MUCHO EN ESTE MUNDO, ¿EH?

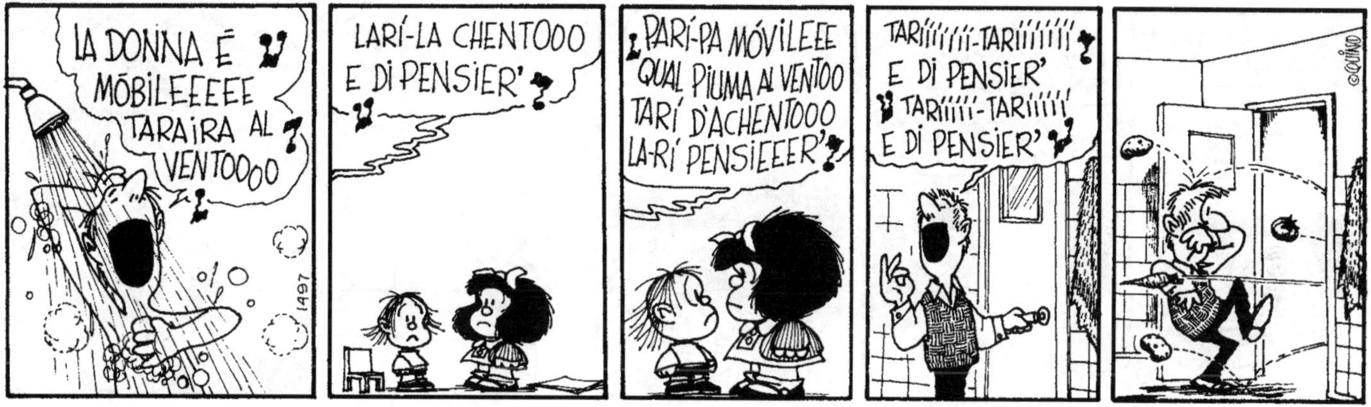
LA DONNA É MÓBILEEEEE TARAIRA AL VENTOOOO
1497
LARÍ-LA CHENTOOO E DI PENSIER'
¿PARÍ-PA MÓVILEEE QUAL PIUMA AL VENTOO TARÍ D'ACHENTOOO LA-RÍ PENSIEEER'
TARÍÍÍÍÍÍ-TARÍÍÍÍÍÍÍ E DI PENSIER' TARÍÍÍÍÍ-TARÍÍÍÍÍÍ E DI PENSIER'

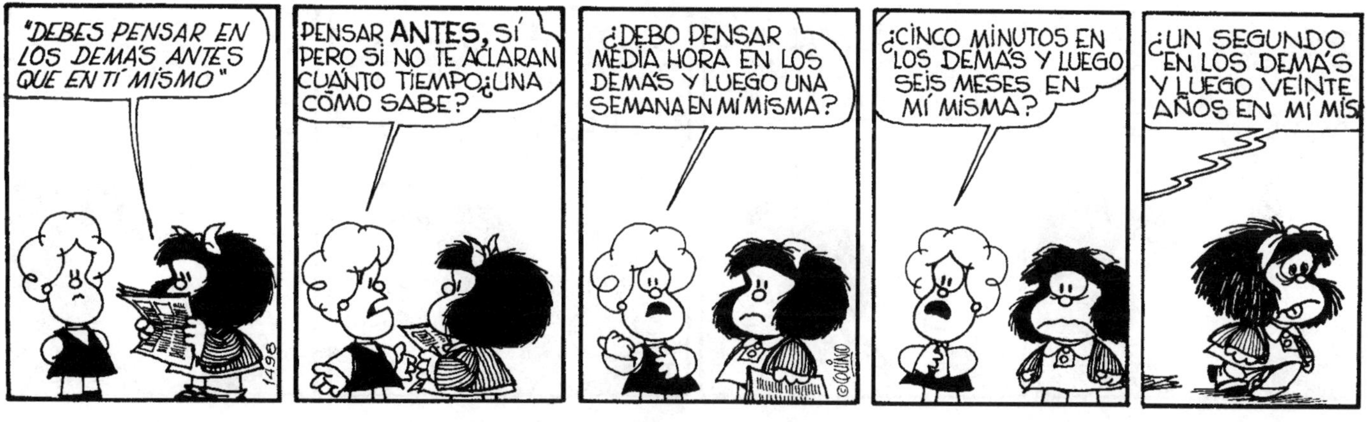
"DEBES PENSAR EN LOS DEMÁS ANTES QUE EN TI MISMO"
1498
PENSAR **ANTES**, SÍ PERO SI NO TE ACLARAN CUÁNTO TIEMPO ¿UNA CÓMO SABE?
¿DEBO PENSAR MEDIA HORA EN LOS DEMÁS Y LUEGO UNA SEMANA EN MÍ MISMA?
¿CINCO MINUTOS EN LOS DEMÁS Y LUEGO SEIS MESES EN MÍ MISMA?
¿UN SEGUNDO EN LOS DEMÁS Y LUEGO VEINTE AÑOS EN MÍ MIS

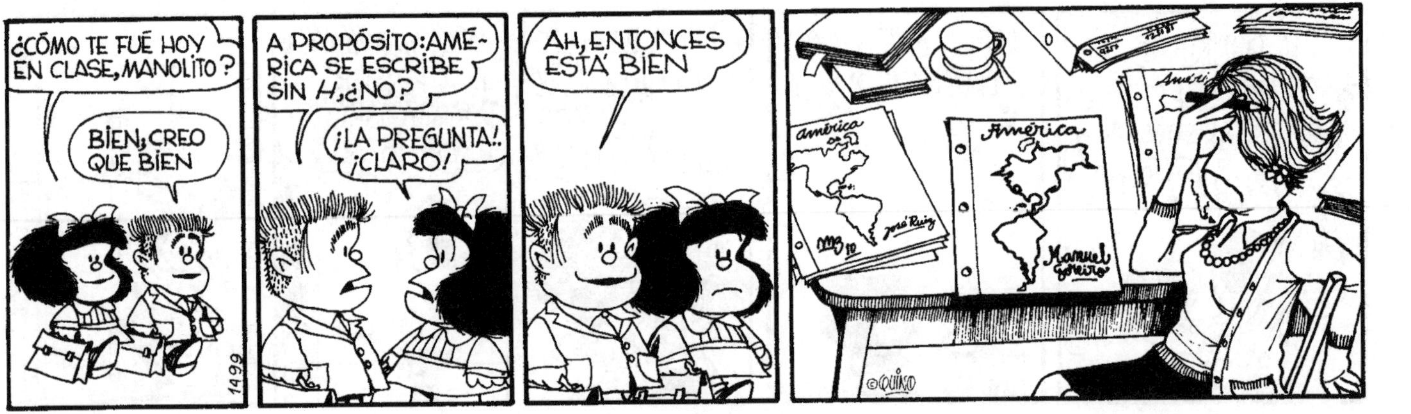
¿CÓMO TE FUÉ HOY EN CLASE, MANOLITO?
BIEN; CREO QUE BIEN
1499
A PROPÓSITO: AMÉRICA SE ESCRIBE SIN H, ¿NO?
¡LA PREGUNTA!. ¡CLARO!
AH, ENTONCES ESTÁ BIEN
América
América
©QUINO

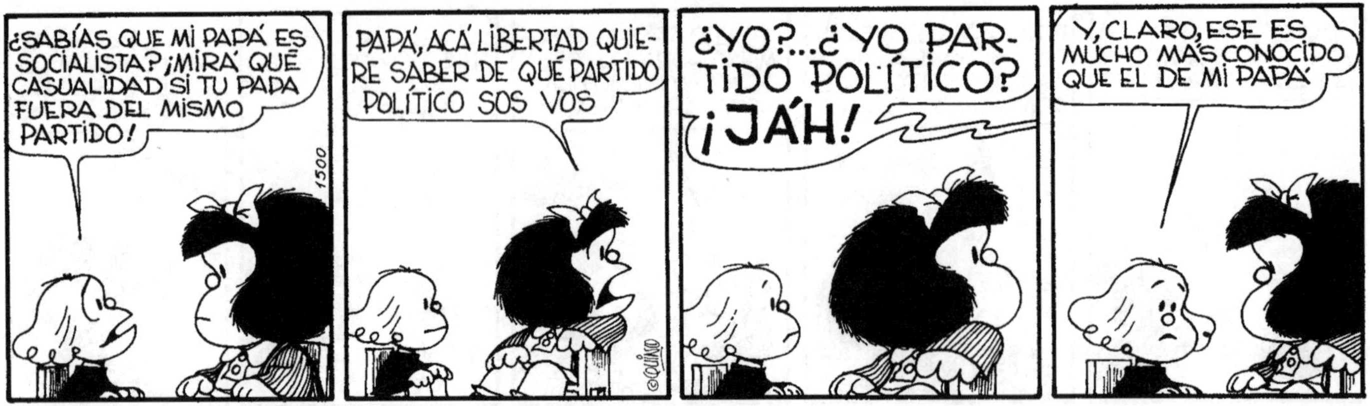
¿SABÍAS QUE MI PAPÁ ES SOCIALISTA? ¡MIRÁ QUÉ CASUALIDAD SI TU PAPÁ FUERA DEL MISMO PARTIDO!
1500
PAPÁ, ACÁ LIBERTAD QUIERE SABER DE QUÉ PARTIDO POLÍTICO SOS VOS
©QUINO
¿YO?...¿YO PARTIDO POLÍTICO? ¡JÁH!
Y, CLARO, ESE ES MUCHO MÁS CONOCIDO QUE EL DE MI PAPÁ

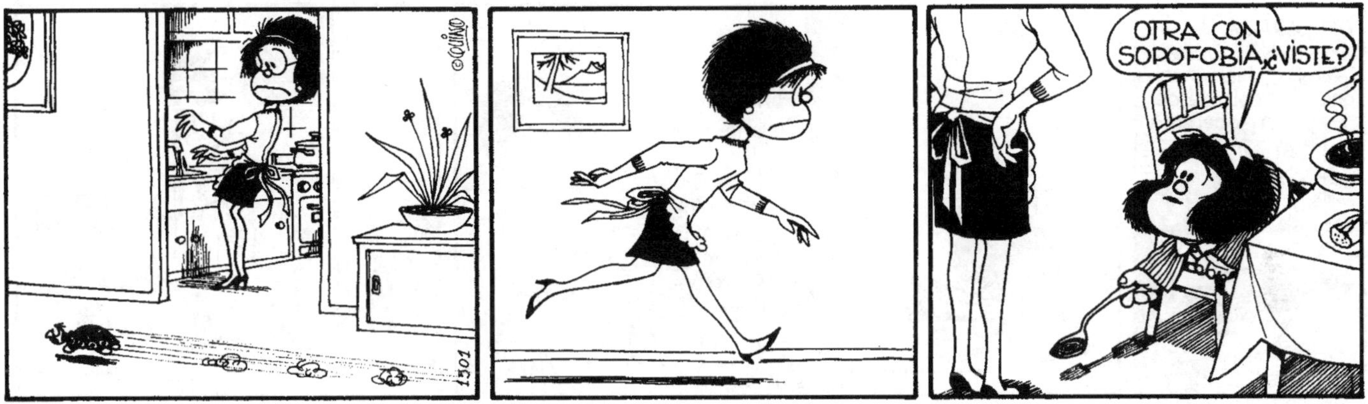
©QUINO
1301
OTRA CON SOPOFOBIA, ¿VISTE?

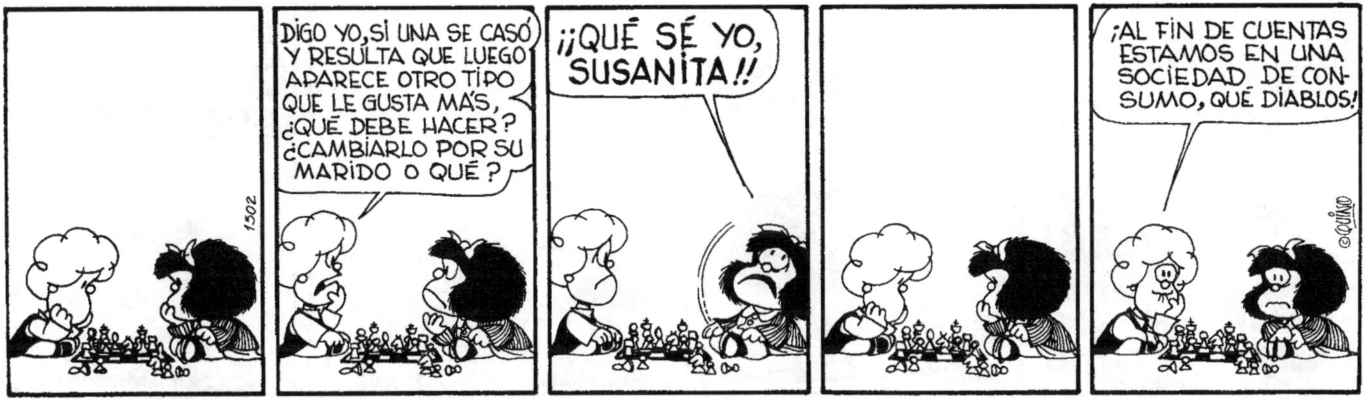
1502
DIGO YO, SI UNA SE CASÓ Y RESULTA QUE LUEGO APARECE OTRO TIPO QUE LE GUSTA MÁS, ¿QUÉ DEBE HACER? ¿CAMBIARLO POR SU MARIDO O QUÉ?
¡¡QUÉ SÉ YO, SUSANITA!!
¡AL FIN DE CUENTAS ESTAMOS EN UNA SOCIEDAD DE CONSUMO, QUÉ DIABLOS!
©QUINO

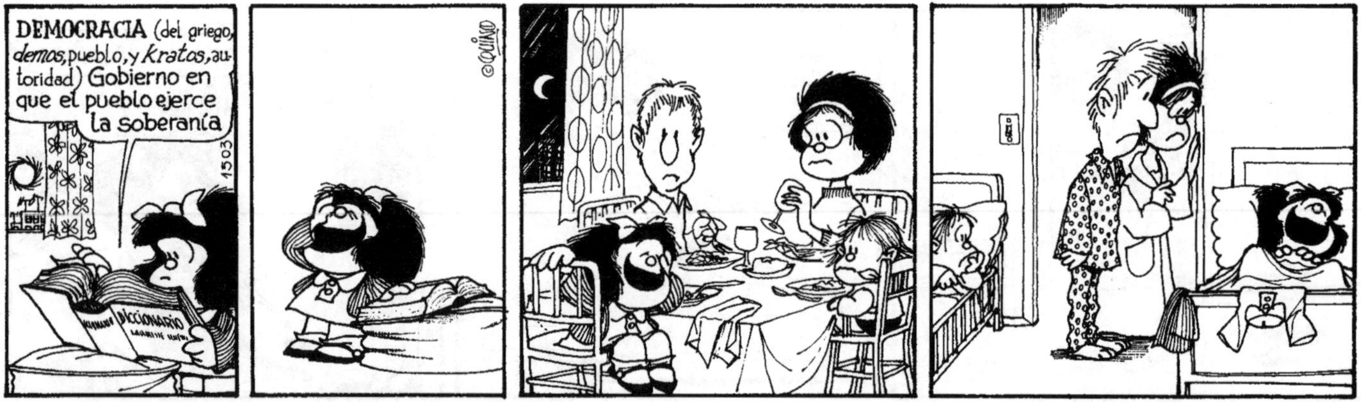
DEMOCRACIA (del griego, demos, pueblo, y kratos, autoridad) Gobierno en que el pueblo ejerce la soberanía
DICCIONARIO
1503
©QUINO

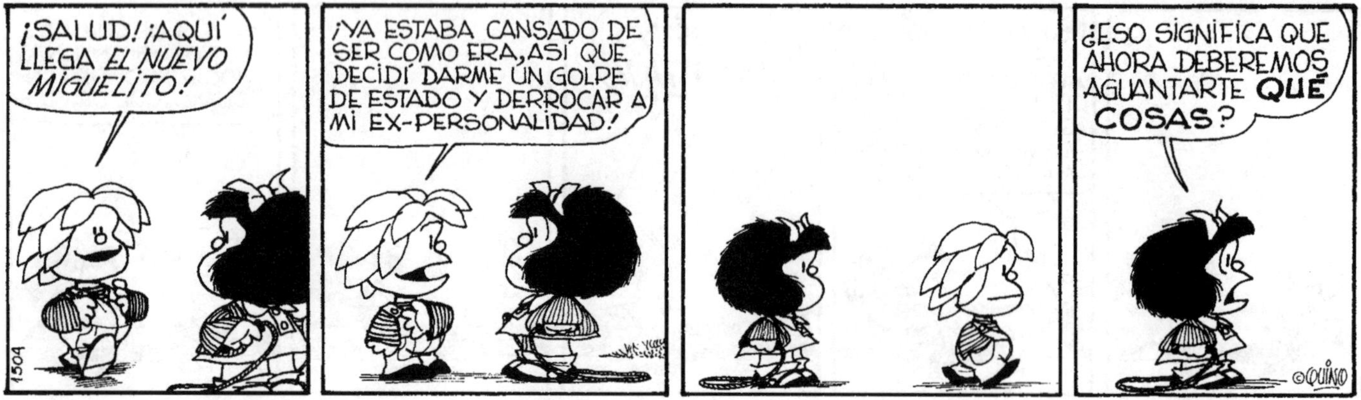
¡SALUD! ¡AQUÍ LLEGA EL NUEVO MIGUELITO!
¡YA ESTABA CANSADO DE SER COMO ERA, ASÍ QUE DECIDÍ DARME UN GOLPE DE ESTADO Y DERROCAR A MI EX-PERSONALIDAD!
¿ESO SIGNIFICA QUE AHORA DEBEREMOS AGUANTARTE QUÉ COSAS?
1504
©QUINO

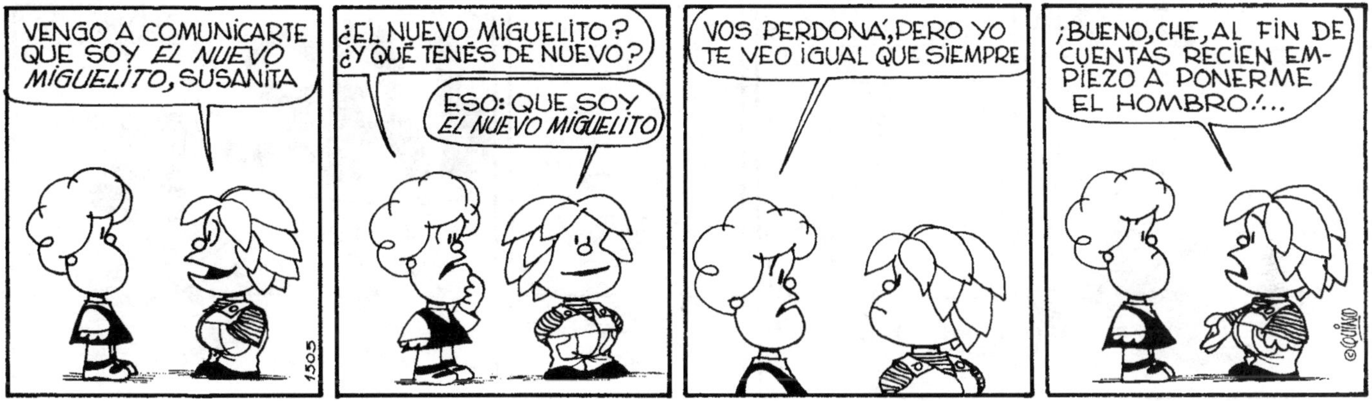
VENGO A COMUNICARTE QUE SOY *EL NUEVO MIGUELITO*, SUSANITA
¿EL NUEVO MIGUELITO? ¿Y QUÉ TENÉS DE NUEVO?
ESO: QUE SOY *EL NUEVO MIGUELITO*
VOS PERDONÁ, PERO YO TE VEO IGUAL QUE SIEMPRE
¡BUENO, CHE, AL FIN DE CUENTAS RECIÉN EMPIEZO A PONERME EL HOMBRO!...
1505
©QUINO

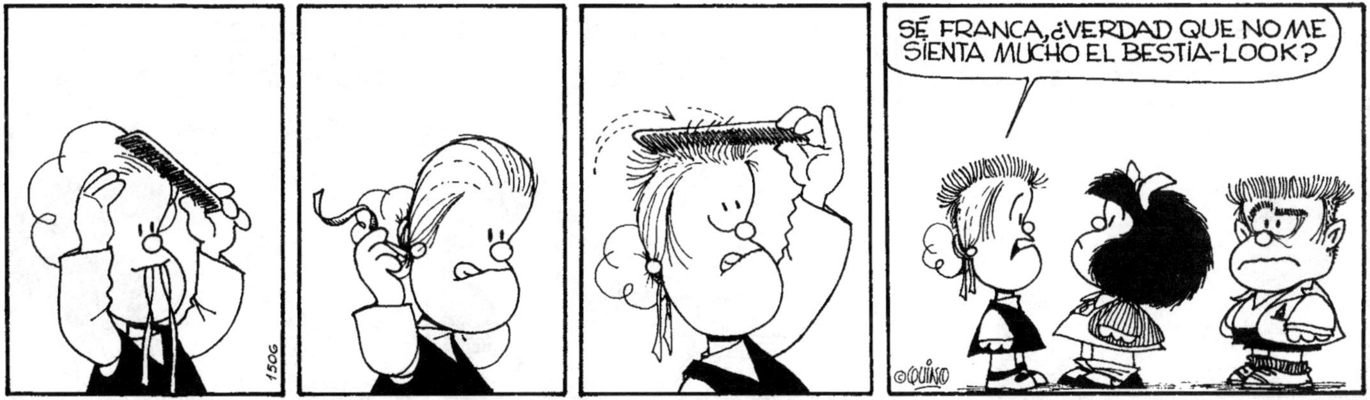
1506
SÉ FRANCA, ¿VERDAD QUE NO ME SIENTA MUCHO EL BESTIA-LOOK?
©QUINO

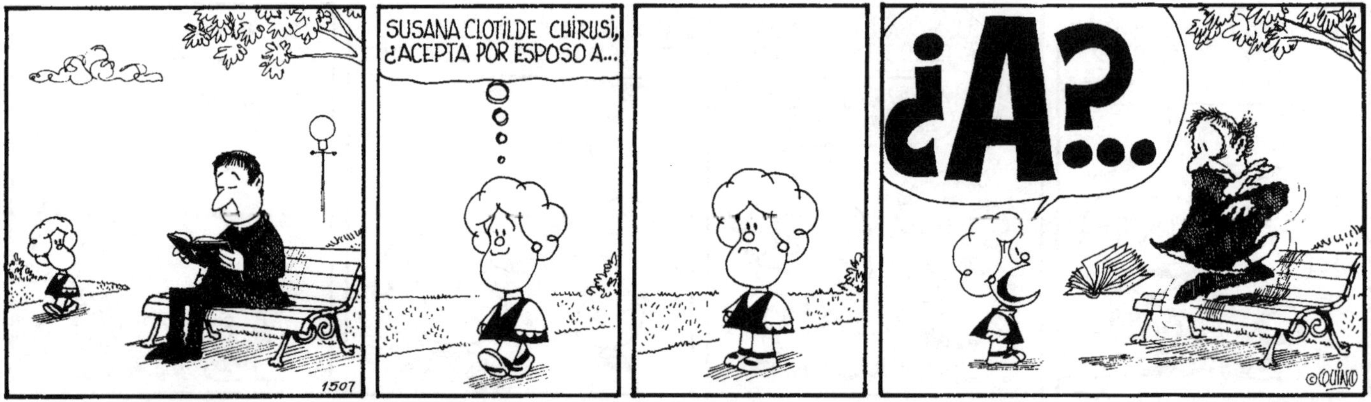
1507
SUSANA CLOTILDE CHIRUSI, ¿ACEPTA POR ESPOSO A...
¿A?...
©QUINO

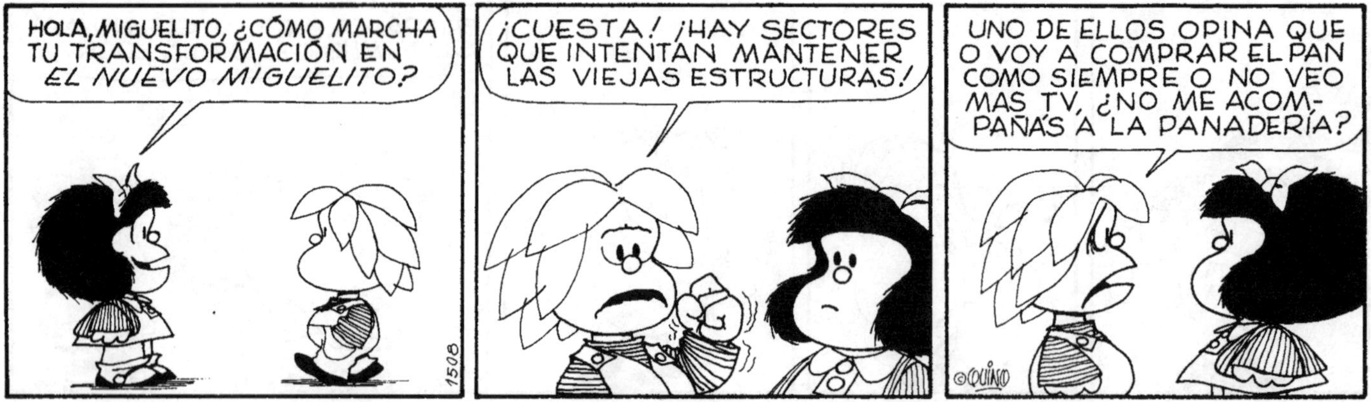
HOLA, MIGUELITO, ¿CÓMO MARCHA TU TRANSFORMACIÓN EN *EL NUEVO MIGUELITO*?
1508
¡CUESTA! ¡HAY SECTORES QUE INTENTAN MANTENER LAS VIEJAS ESTRUCTURAS!
UNO DE ELLOS OPINA QUE O VOY A COMPRAR EL PAN COMO SIEMPRE O NO VEO MAS TV, ¿NO ME ACOMPAÑÁS A LA PANADERÍA?
©QUINO

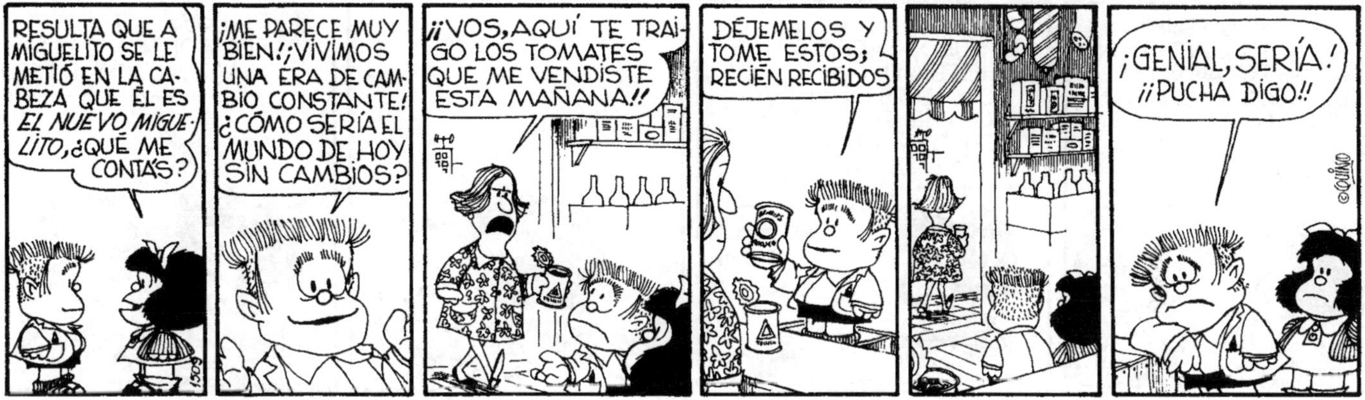
RESULTA QUE A MIGUELITO SE LE METIÓ EN LA CABEZA QUE ÉL ES *EL NUEVO MIGUELITO*, ¿QUÉ ME CONTÁS?
1509
¡ME PARECE MUY BIEN!; ¡VIVIMOS UNA ERA DE CAMBIO CONSTANTE! ¿CÓMO SERÍA EL MUNDO DE HOY SIN CAMBIOS?
¡¡VOS, AQUÍ TE TRAIGO LOS TOMATES QUE ME VENDISTE ESTA MAÑANA!!
DÉJEMELOS Y TOME ESTOS; RECIÉN RECIBIDOS
¡GENIAL, SERÍA! ¡¡PUCHA DIGO!!
©QUINO

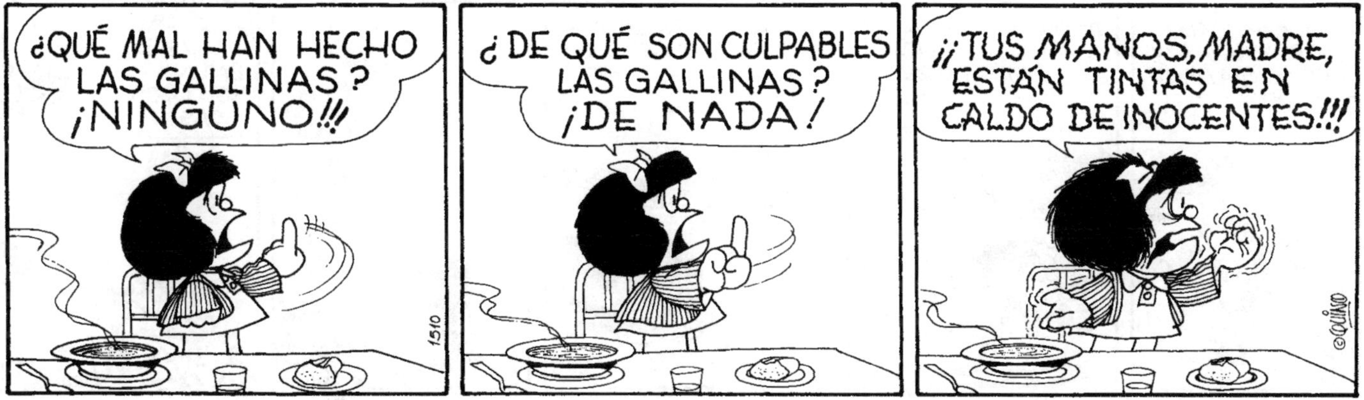
¿QUÉ MAL HAN HECHO LAS GALLINAS? ¡NINGUNO!!!
1510
¿DE QUÉ SON CULPABLES LAS GALLINAS? ¡DE NADA!
¡¡TUS MANOS, MADRE, ESTÁN TINTAS EN CALDO DE INOCENTES!!!
©QUINO

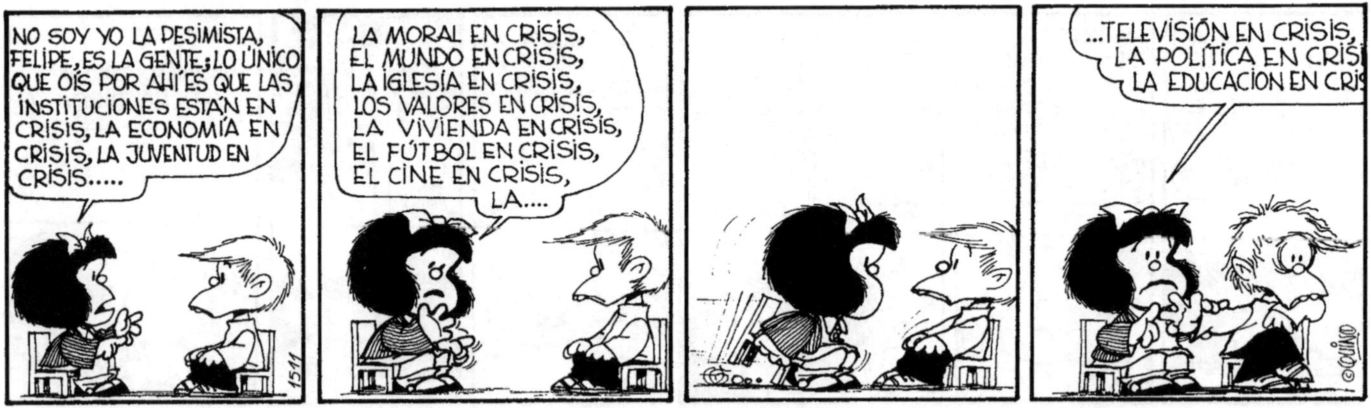
NO SOY YO LA PESIMISTA, FELIPE, ES LA GENTE; LO ÚNICO QUE OÍS POR AHÍ ES QUE LAS INSTITUCIONES ESTÁN EN CRISIS, LA ECONOMÍA EN CRISIS, LA JUVENTUD EN CRISIS.....
1511
LA MORAL EN CRISIS, EL MUNDO EN CRISIS, LA IGLESIA EN CRISIS, LOS VALORES EN CRISIS, LA VIVIENDA EN CRISIS, EL FÚTBOL EN CRISIS, EL CINE EN CRISIS, LA....
...TELEVISIÓN EN CRISIS, LA POLÍTICA EN CRISI LA EDUCACIÓN EN CRIS
©QUINO

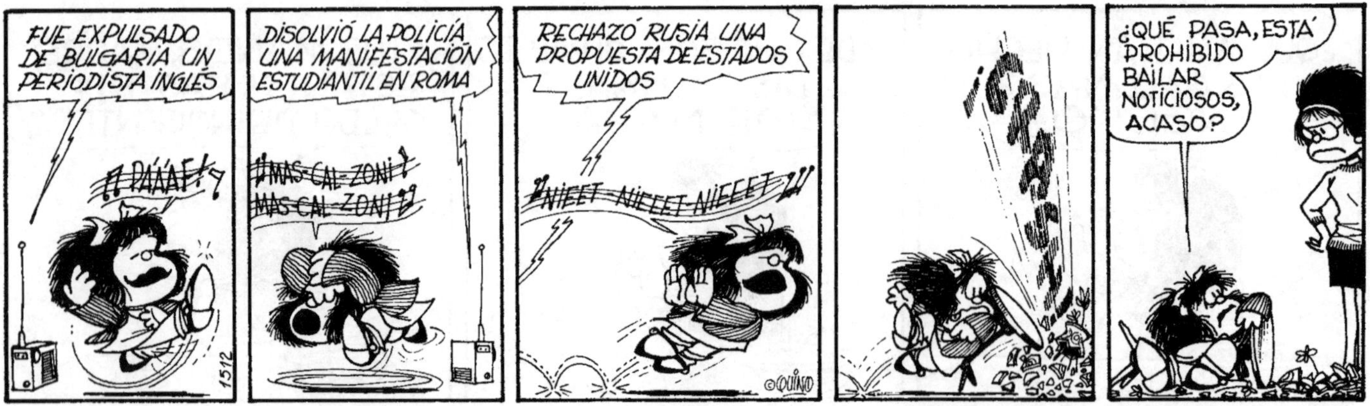
FUE EXPULSADO DE BULGARIA UN PERIODISTA INGLÉS
¡¡PÁÁAF!!
1512
DISOLVIÓ LA POLICÍA UNA MANIFESTACIÓN ESTUDIANTIL EN ROMA
¡MAS-CAL-ZONI!
MAS-CAL-ZONI
RECHAZÓ RUSIA UNA PROPUESTA DE ESTADOS UNIDOS
NIEET NIEEET NIEEET
©QUINO
¡CRASH!
¿QUÉ PASA, ESTÁ PROHIBIDO BAILAR NOTICIOSOS, ACASO?

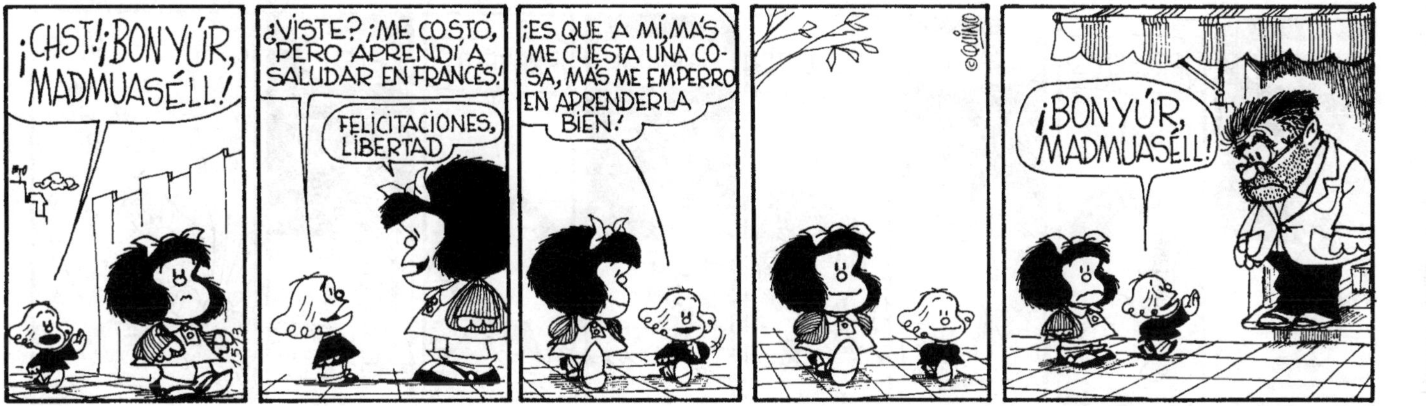

¡CHST! ¡BON YÚR, MADMUASÉLL!
1513
¿VISTE? ¡ME COSTÓ, PERO APRENDÍ A SALUDAR EN FRANCÉS!
FELICITACIONES, LIBERTAD
¡ES QUE A MÍ, MÁS ME CUESTA UNA COSA, MÁS ME EMPERRO EN APRENDERLA BIEN!
©QUINO
¡BON YÚR, MADMUASÉLL!

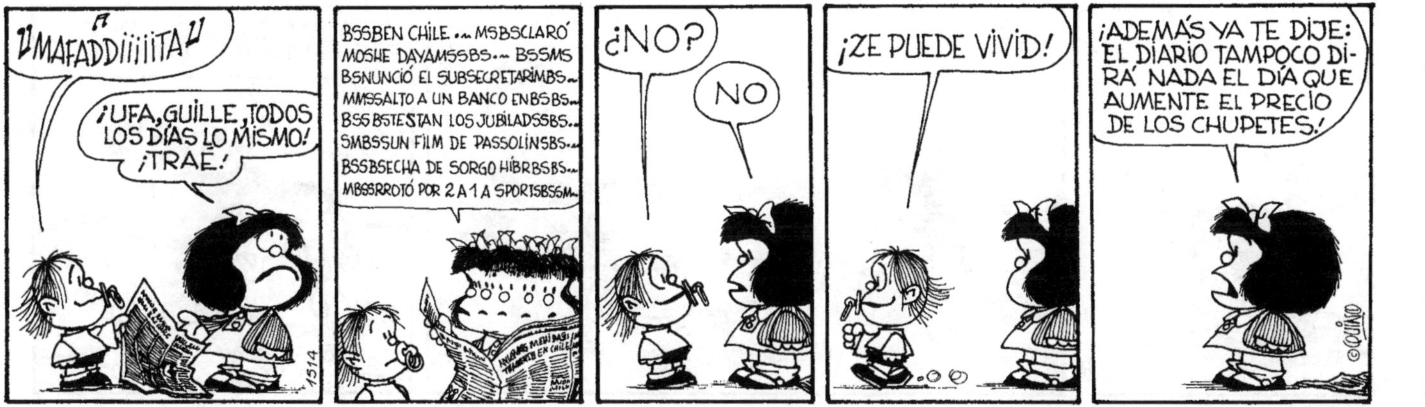

MAFADDIIIIITA
¡UFA, GUILLE, TODOS LOS DÍAS LO MISMO! ¡TRAÉ!
1514
BSSBEN CHILE ... MSBSCLARÓ
MOSHE DAYAMSSBS... BSSMS
BSNUNCIÓ EL SUBSECRETARIMBS...
MMSSALTO A UN BANCO ENBSBS...
BSS BSTESTAN LOS JUBILADSSBS...
SMBSSUN FILM DE PASSOLINSBS...
BSSBSECHA DE SORGO HÍBRBSBS...
MBSSRROTÓ POR 2 A 1 A SPORTSBSSM...
¿NO?
NO
¡ZE PUEDE VIVID!
¡ADEMÁS YA TE DIJE: EL DIARIO TAMPOCO DIRÁ NADA EL DÍA QUE AUMENTE EL PRECIO DE LOS CHUPETES!
©QUINO

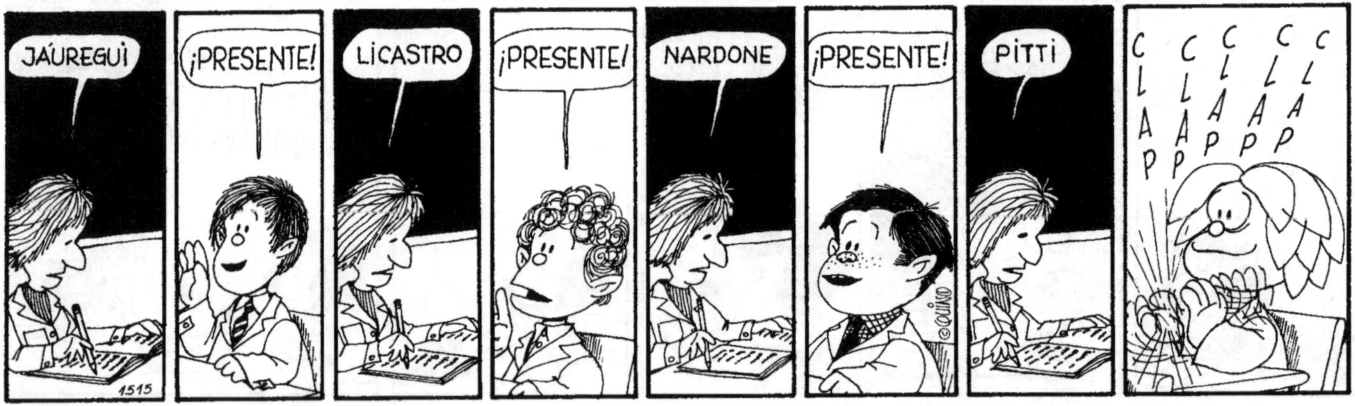
JÁUREGUI
¡PRESENTE!
LICASTRO
¡PRESENTE!
NARDONE
¡PRESENTE!
©QUINO
PITTI
CLAP CLAP CLAP CLAP CLAP
1515

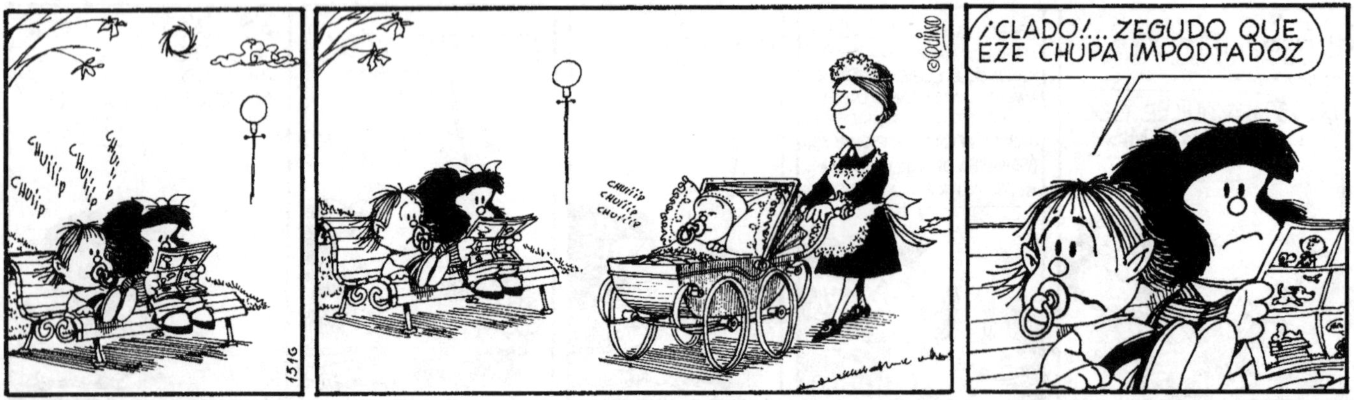
CHUiiip
CHUiiip
CHUiiip
1516
©QUINO
CHUiiip
CHUiiip
CHUiiip
¡CLADO!... ZEGUDO QUE EZE CHUPA IMPODTADOZ

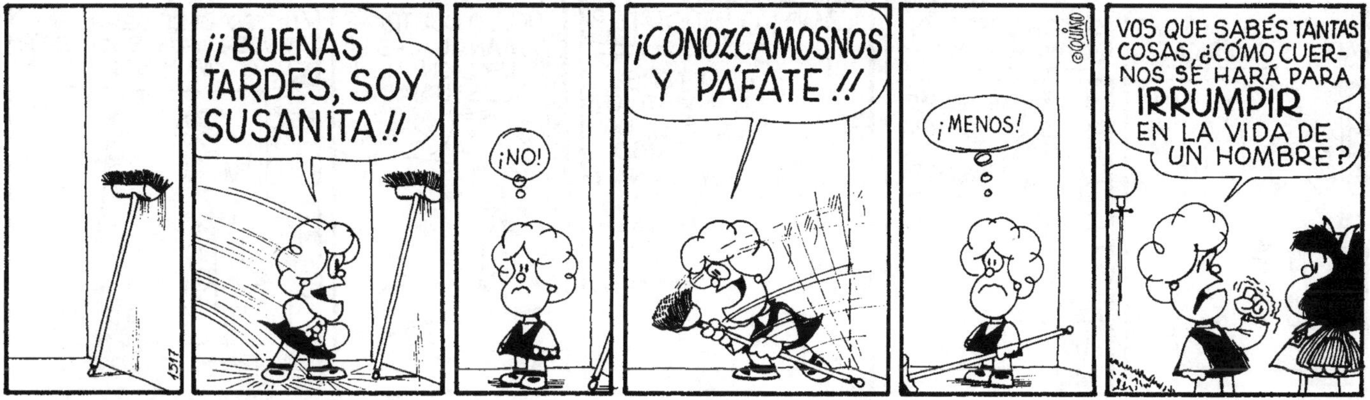
1517
¡¡BUENAS TARDES, SOY SUSANITA!!
¡NO!
¡CONOZCÁMOSNOS Y PÁFATE!!
©QUINO
¡MENOS!
VOS QUE SABÉS TANTAS COSAS, ¿CÓMO CUERNOS SE HARÁ PARA IRRUMPIR EN LA VIDA DE UN HOMBRE?

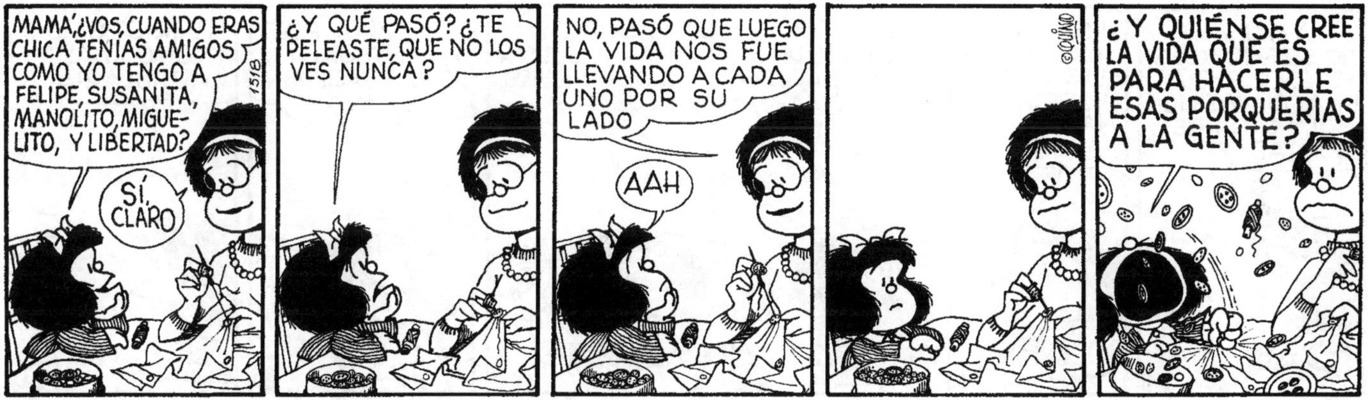
MAMÁ, ¿VOS, CUANDO ERAS CHICA TENIAS AMIGOS COMO YO TENGO A FELIPE, SUSANITA, MANOLITO, MIGUELITO, Y LIBERTAD?
1518
SÍ, CLARO
¿Y QUÉ PASÓ? ¿TE PELEASTE, QUE NO LOS VES NUNCA?
NO, PASÓ QUE LUEGO LA VIDA NOS FUE LLEVANDO A CADA UNO POR SU LADO
AAH
©QUINO
¿Y QUIÉN SE CREE LA VIDA QUE ES PARA HACERLE ESAS PORQUERIAS A LA GENTE?

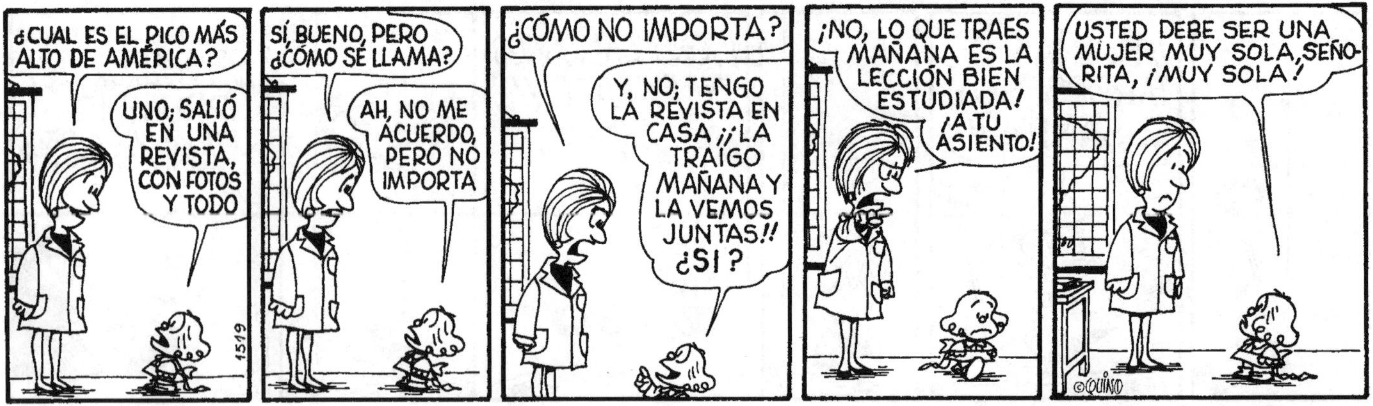
¿CUAL ES EL PICO MÁS ALTO DE AMÉRICA?
UNO; SALIÓ EN UNA REVISTA, CON FOTOS Y TODO
1519
SÍ, BUENO, PERO ¿CÓMO SE LLAMA?
AH, NO ME ACUERDO, PERO NO IMPORTA
¿CÓMO NO IMPORTA?
Y, NO; TENGO LA REVISTA EN CASA ¡¡LA TRAIGO MAÑANA Y LA VEMOS JUNTAS!! ¿SI?
¡NO, LO QUE TRAES MAÑANA ES LA LECCIÓN BIEN ESTUDIADA! ¡A TU ASIENTO!
USTED DEBE SER UNA MUJER MUY SOLA, SEÑORITA, ¡MUY SOLA!
©QUINO

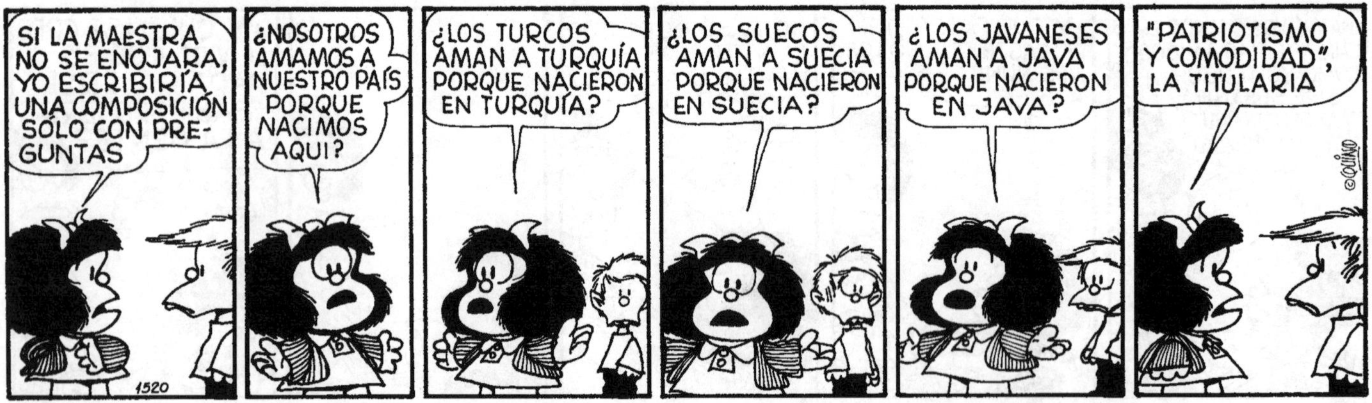
SI LA MAESTRA NO SE ENOJARA, YO ESCRIBIRÍA UNA COMPOSICIÓN SÓLO CON PREGUNTAS
1520
¿NOSOTROS AMAMOS A NUESTRO PAÍS PORQUE NACIMOS AQUI?
¿LOS TURCOS AMAN A TURQUÍA PORQUE NACIERON EN TURQUÍA?
¿LOS SUECOS AMAN A SUECIA PORQUE NACIERON EN SUECIA?
¿LOS JAVANESES AMAN A JAVA PORQUE NACIERON EN JAVA?
"PATRIOTISMO Y COMODIDAD", LA TITULARIA
©QUINO

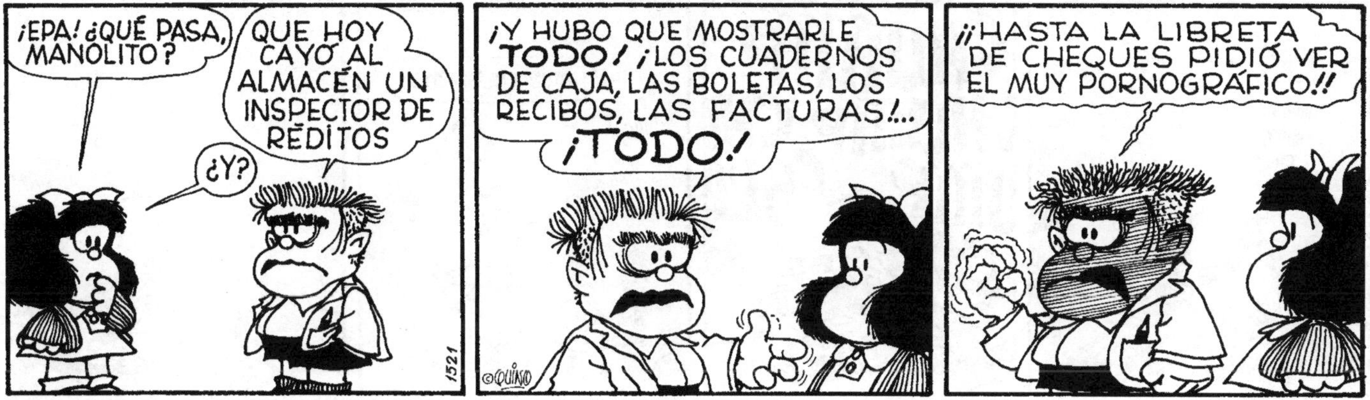
¡EPA! ¿QUÉ PASA, MANOLITO?
QUE HOY CAYÓ AL ALMACÉN UN INSPECTOR DE RÉDITOS
¿Y?
1521
©QUINO
¡Y HUBO QUE MOSTRARLE TODO! ¡LOS CUADERNOS DE CAJA, LAS BOLETAS, LOS RECIBOS, LAS FACTURAS!... ¡TODO!
¡¡HASTA LA LIBRETA DE CHEQUES PIDIÓ VER EL MUY PORNOGRÁFICO!!

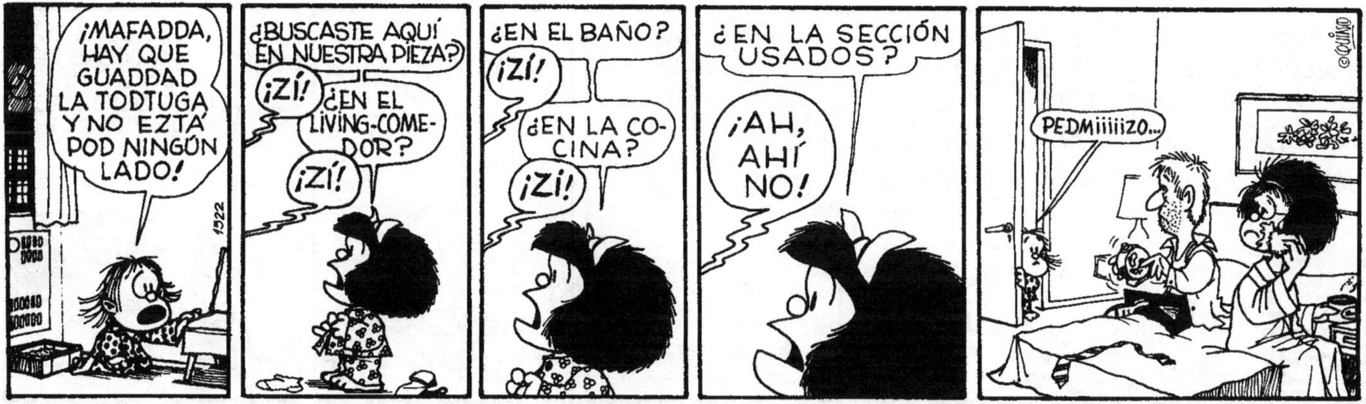
¡MAFADDA, HAY QUE GUADDAD LA TODTUGA Y NO EZTÁ POD NINGÚN LADO!
1522
¿BUSCASTE AQUÍ EN NUESTRA PIEZA?
¡ZÍ!
¿EN EL LIVING-COMEDOR?
¡ZÍ!
¿EN EL BAÑO?
¡ZÍ!
¿EN LA COCINA?
¡ZÍ!
¿EN LA SECCIÓN USADOS?
¡AH, AHÍ NO!
©QUINO
PEDMIiiiiizo...

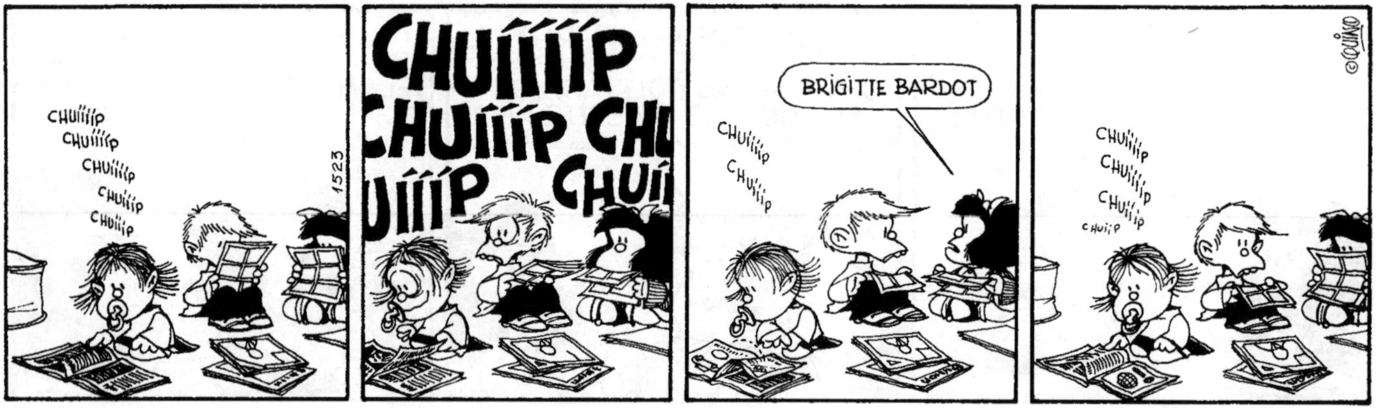

1523
CHUÍÍÍÍP
CHUÍÍÍÍP CHU
UÍÍÍP CHUÍ
BRIGITTE BARDOT
©QUINO

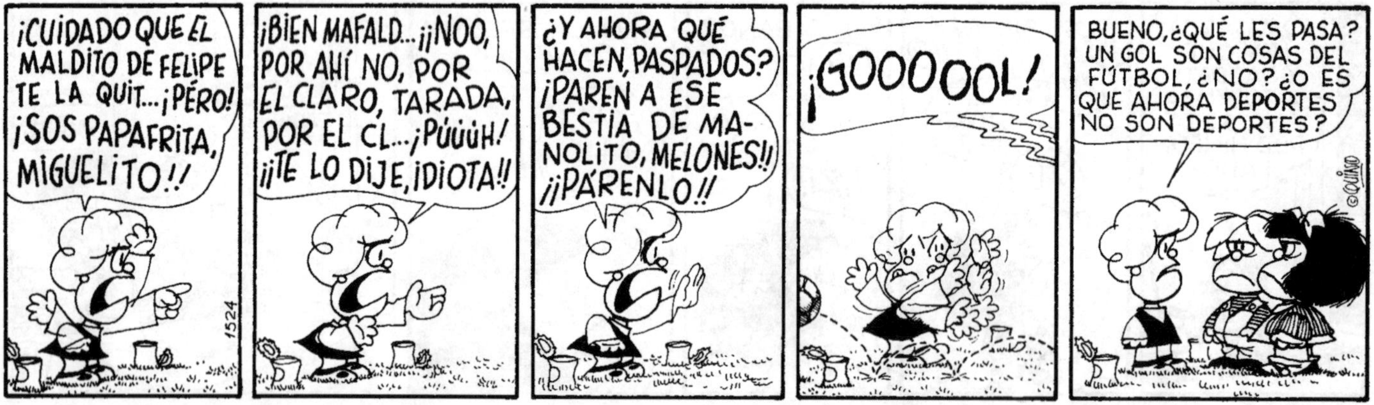

¡CUIDADO QUE EL MALDITO DE FELIPE TE LA QUIT...¡PÉRO! ¡SOS PAPAFRITA, MIGUELITO!!
1524
¡BIEN MAFALD...¡¡NOO, POR AHÍ NO, POR EL CLARO, TARADA, POR EL CL...¡PÚÚÚH! ¡¡TE LO DIJE, IDIOTA!!
¿Y AHORA QUÉ HACEN, PASPADOS? ¡PAREN A ESE BESTIA DE MANOLITO, MELONES!! ¡¡PÁRENLO!!
¡GOOOOOL!
©QUINO
BUENO, ¿QUÉ LES PASA? UN GOL SON COSAS DEL FÚTBOL, ¿NO? ¿O ES QUE AHORA DEPORTES NO SON DEPORTES?

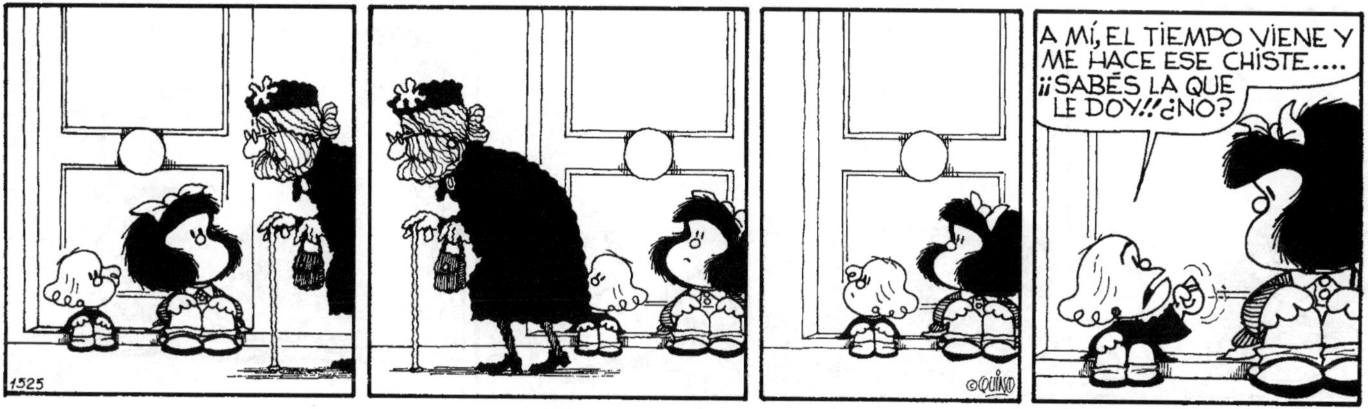

1525
©QUINO
A MÍ, EL TIEMPO VIENE Y ME HACE ESE CHISTE.... ¡¡SABÉS LA QUE LE DOY!! ¿NO?

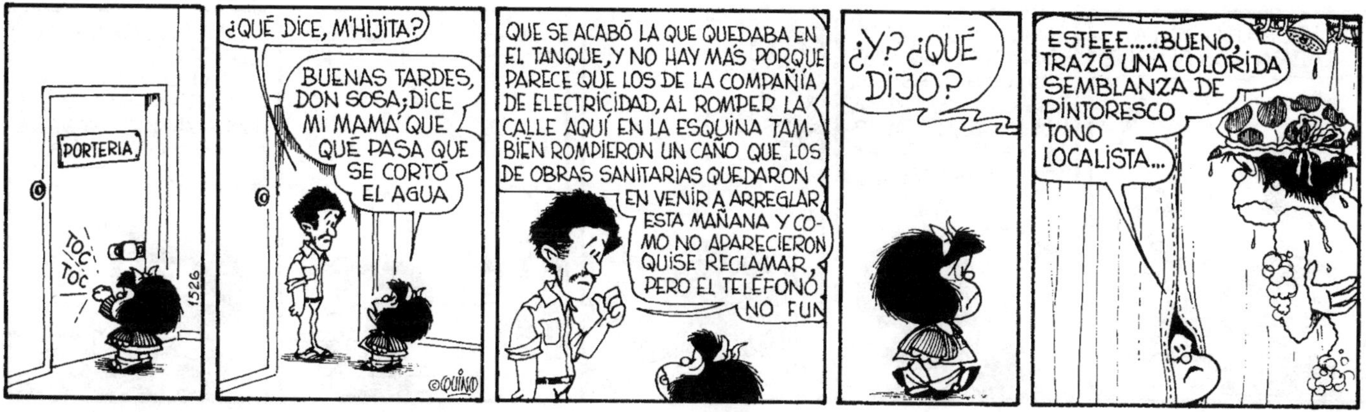

PORTERIA
TOC TOC
1526
¿QUÉ DICE, M'HIJITA?
BUENAS TARDES, DON SOSA; DICE MI MAMÁ QUE QUÉ PASA QUE SE CORTÓ EL AGUA
©QUINO
QUE SE ACABÓ LA QUE QUEDABA EN EL TANQUE, Y NO HAY MÁS PORQUE PARECE QUE LOS DE LA COMPAÑÍA DE ELECTRICIDAD, AL ROMPER LA CALLE AQUÍ EN LA ESQUINA TAMBIÉN ROMPIERON UN CAÑO QUE LOS DE OBRAS SANITARIAS QUEDARON
EN VENIR A ARREGLAR ESTA MAÑANA Y COMO NO APARECIERON QUISE RECLAMAR, PERO EL TELÉFONO NO FUN
¿Y? ¿QUÉ DIJO?
ESTEEE.....BUENO, TRAZÓ UNA COLORIDA SEMBLANZA DE PINTORESCO TONO LOCALISTA...

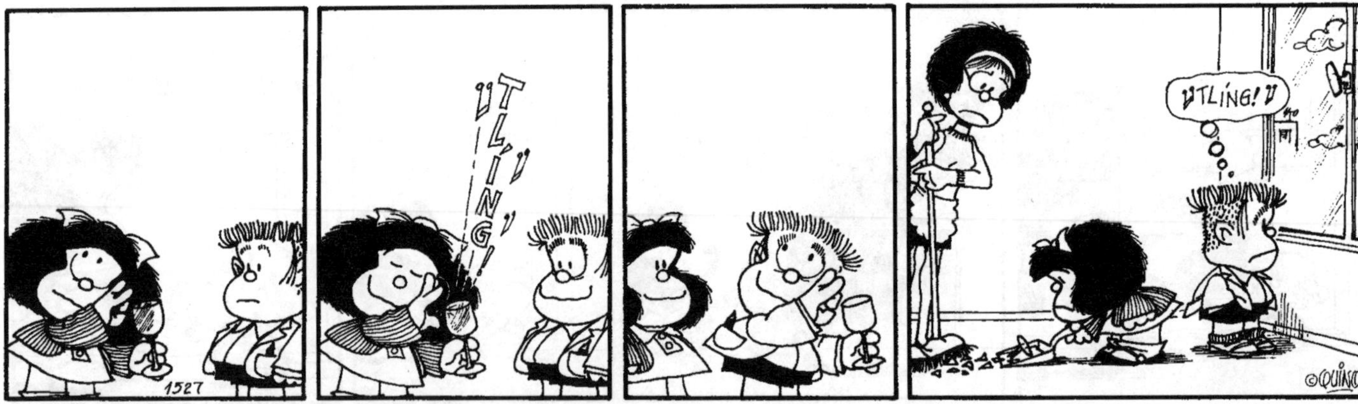

1527
¡¡TLÍNG!!
¡¡TLÍNG!!
©QUINO

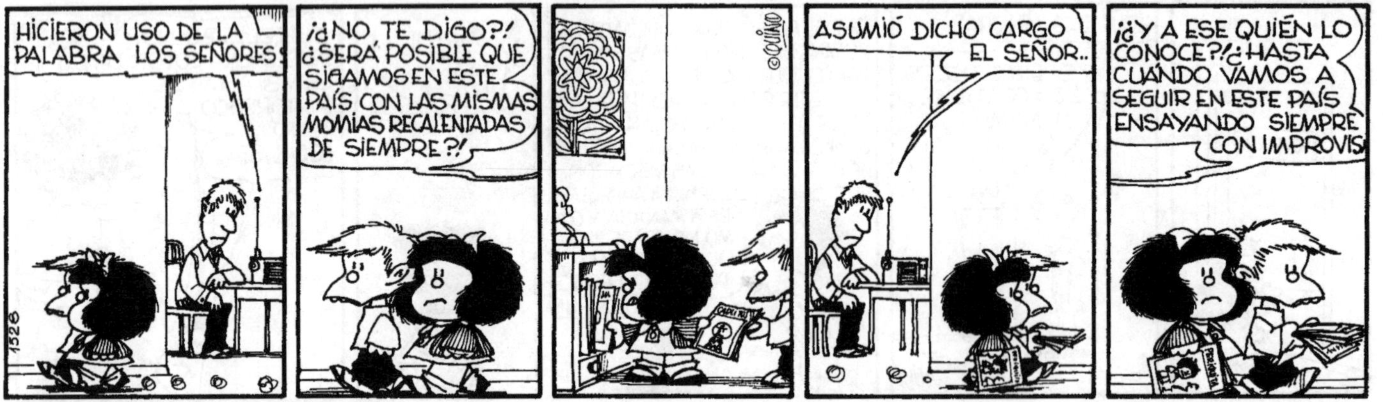

1528
HICIERON USO DE LA PALABRA LOS SEÑORES
¡¿NO TE DIGO?! ¿SERÁ POSIBLE QUE SIGAMOS EN ESTE PAÍS CON LAS MISMAS MOMIAS RECALENTADAS DE SIEMPRE?!
©QUINO
ASUMIÓ DICHO CARGO EL SEÑOR..
¡¿Y A ESE QUIÉN LO CONOCE?! ¿HASTA CUÁNDO VAMOS A SEGUIR EN ESTE PAÍS ENSAYANDO SIEMPRE CON IMPROVIS

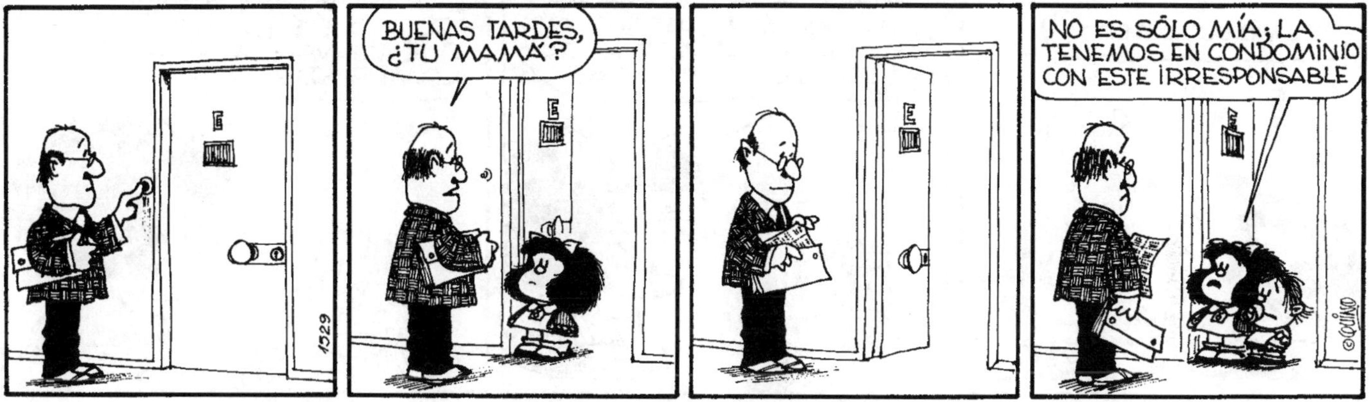
1529
BUENAS TARDES, ¿TU MAMÁ?
NO ES SÓLO MÍA; LA TENEMOS EN CONDOMINIO CON ESTE IRRESPONSABLE
©QUINO

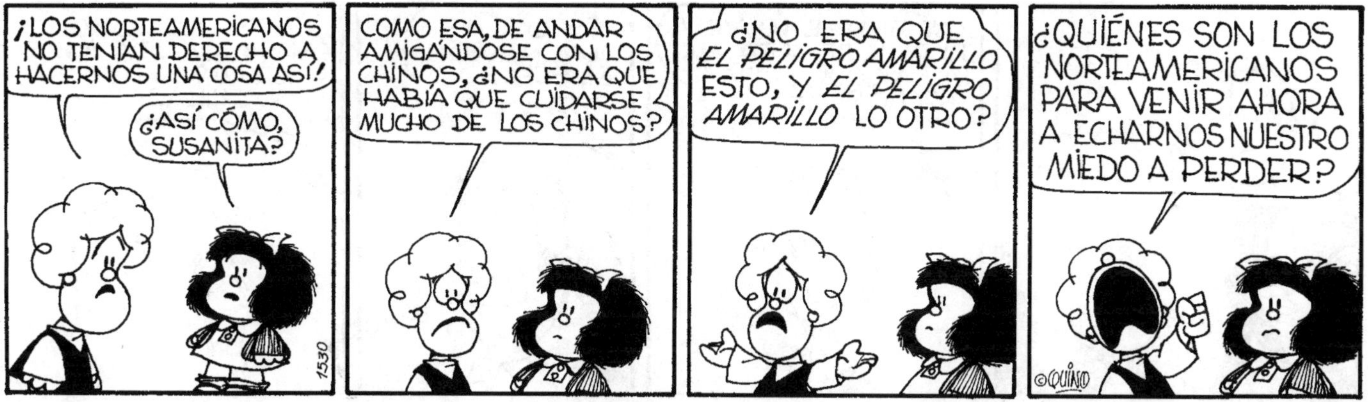
¡LOS NORTEAMERICANOS NO TENÍAN DERECHO A HACERNOS UNA COSA ASÍ!
¿ASÍ CÓMO, SUSANITA?
1530
COMO ESA, DE ANDAR AMIGÁNDOSE CON LOS CHINOS, ¿NO ERA QUE HABÍA QUE CUIDARSE MUCHO DE LOS CHINOS?
¿NO ERA QUE *EL PELIGRO AMARILLO* ESTO, Y *EL PELIGRO AMARILLO* LO OTRO?
¿QUIÉNES SON LOS NORTEAMERICANOS PARA VENIR AHORA A ECHARNOS NUESTRO MIEDO A PERDER?
©QUINO

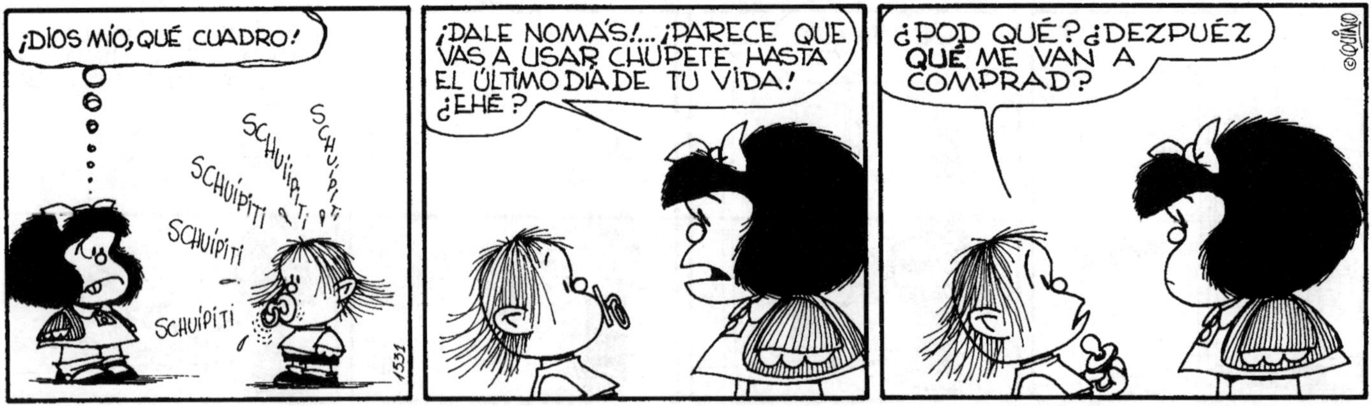
¡DIOS MÍO, QUÉ CUADRO!
SCHUIIPITI
SCHUIPITI
SCHUÍPITI
SCHUÍPITI
SCHUÍPITI
1531
¡DALE NOMÁS!... ¡PARECE QUE VAS A USAR CHUPETE HASTA EL ÚLTIMO DÍA DE TU VIDA! ¿EHÉ?
¿POD QUÉ? ¿DEZPUÉZ QUÉ ME VAN A COMPRAD?
©QUINO

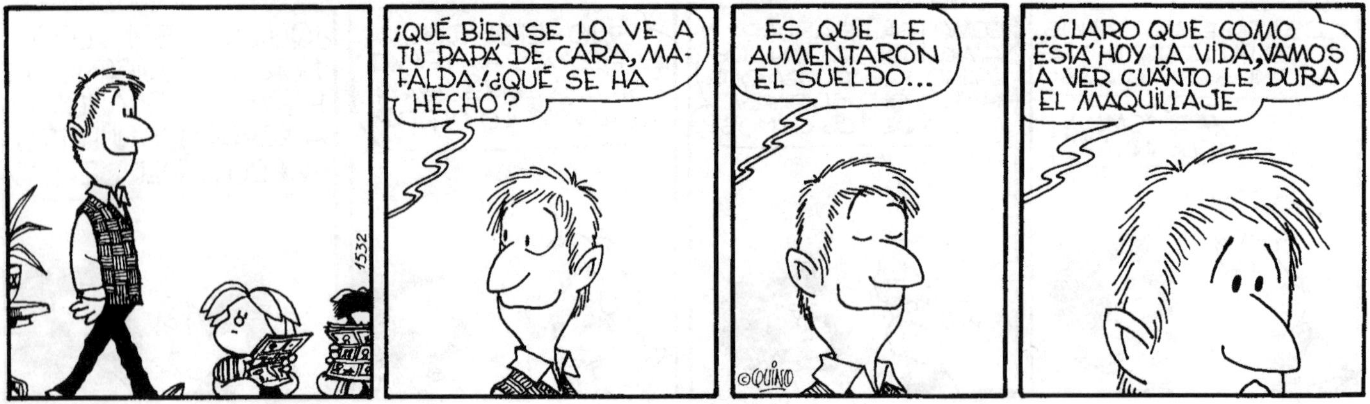
1532
¡QUÉ BIEN SE LO VE A TU PAPÁ DE CARA, MAFALDA! ¿QUÉ SE HA HECHO?
ES QUE LE AUMENTARON EL SUELDO...
©QUINO
...CLARO QUE COMO ESTÁ HOY LA VIDA, VAMOS A VER CUÁNTO LE DURA EL MAQUILLAJE

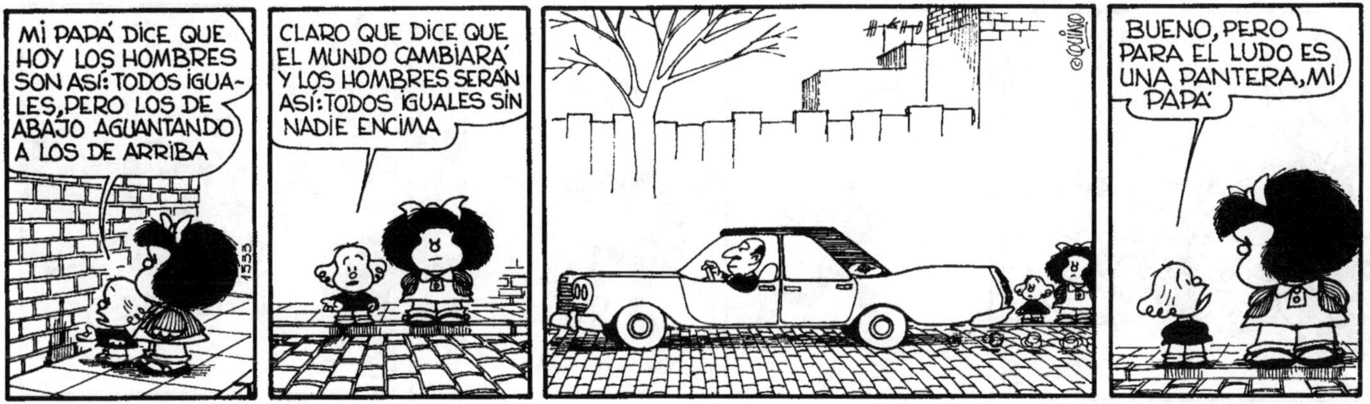
MI PAPÁ DICE QUE HOY LOS HOMBRES SON ASÍ: TODOS IGUALES, PERO LOS DE ABAJO AGUANTANDO A LOS DE ARRIBA
1533
CLARO QUE DICE QUE EL MUNDO CAMBIARÁ Y LOS HOMBRES SERÁN ASÍ: TODOS IGUALES SIN NADIE ENCIMA
©QUINO
BUENO, PERO PARA EL LUDO ES UNA PANTERA, MI PAPÁ

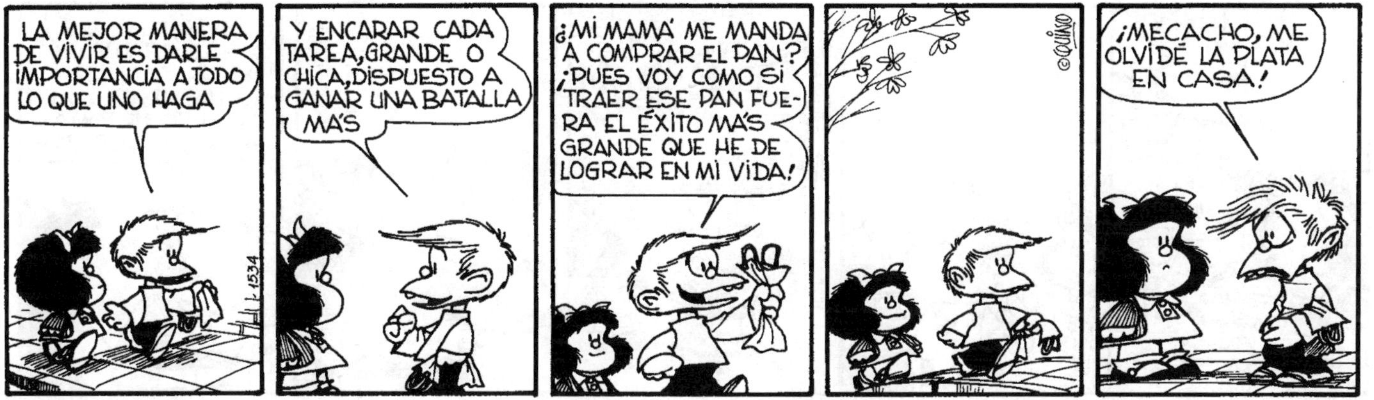
LA MEJOR MANERA DE VIVIR ES DARLE IMPORTANCIA A TODO LO QUE UNO HAGA
1534
Y ENCARAR CADA TAREA, GRANDE O CHICA, DISPUESTO A GANAR UNA BATALLA MÁS
¿MI MAMÁ ME MANDA A COMPRAR EL PAN? ¡PUES VOY COMO SI TRAER ESE PAN FUERA EL ÉXITO MÁS GRANDE QUE HE DE LOGRAR EN MI VIDA!
©QUINO
¡MECACHO, ME OLVIDÉ LA PLATA EN CASA!

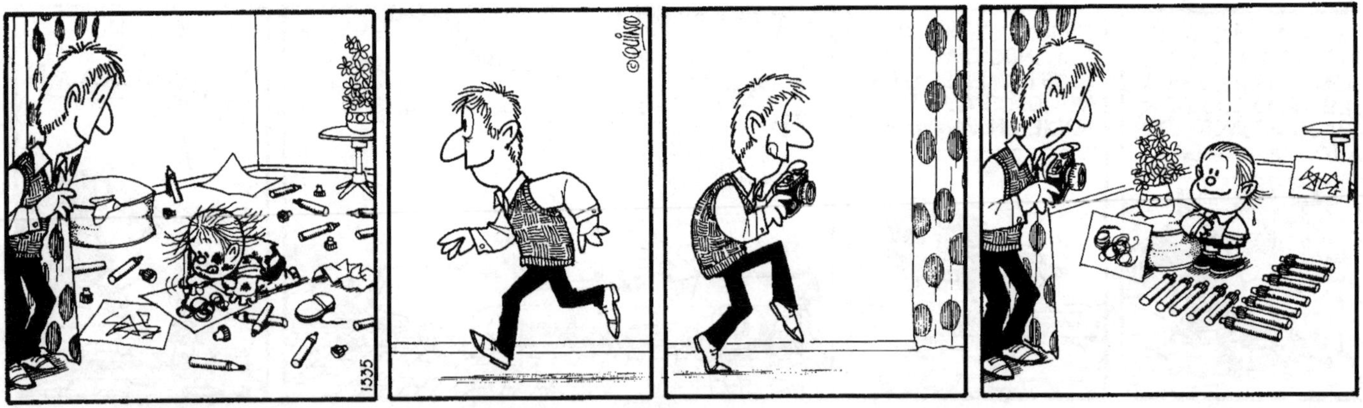
©QUINO
1535

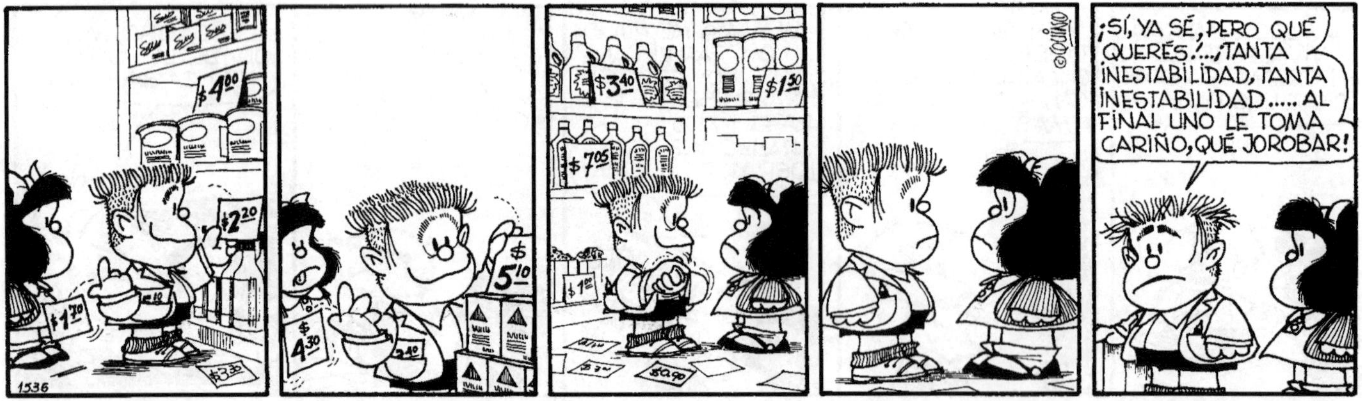
1536
©QUINO
¡SÍ, YA SÉ, PERO QUÉ QUERÉS!...¡TANTA INESTABILIDAD, TANTA INESTABILIDAD..... AL FINAL UNO LE TOMA CARIÑO, QUÉ JOROBAR!

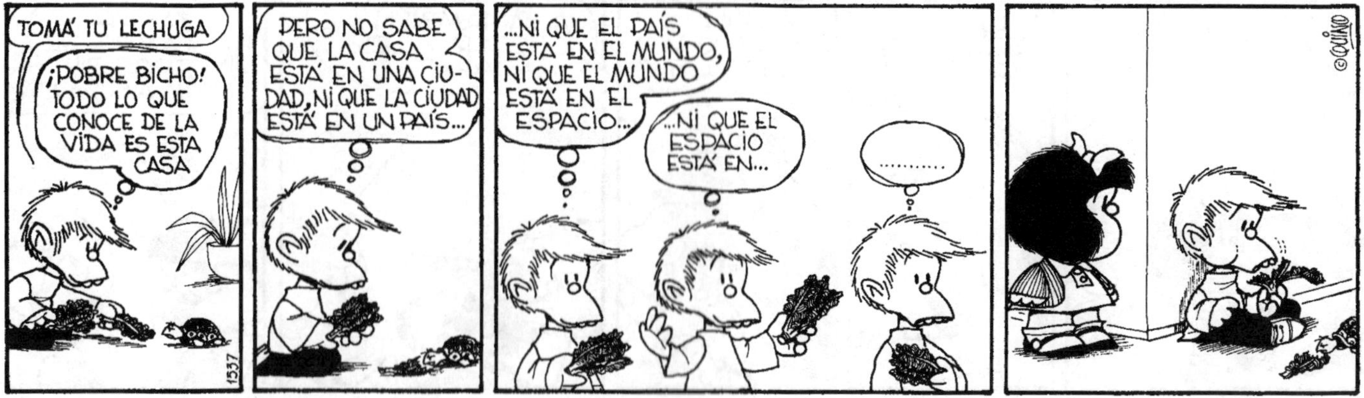
TOMÁ TU LECHUGA
¡POBRE BICHO! TODO LO QUE CONOCE DE LA VIDA ES ESTA CASA
1537
PERO NO SABE QUE LA CASA ESTÁ EN UNA CIUDAD, NI QUE LA CIUDAD ESTÁ EN UN PAÍS...
...NI QUE EL PAÍS ESTÁ EN EL MUNDO, NI QUE EL MUNDO ESTÁ EN EL ESPACIO...
...NI QUE EL ESPACIO ESTÁ EN...
....
© QUINO

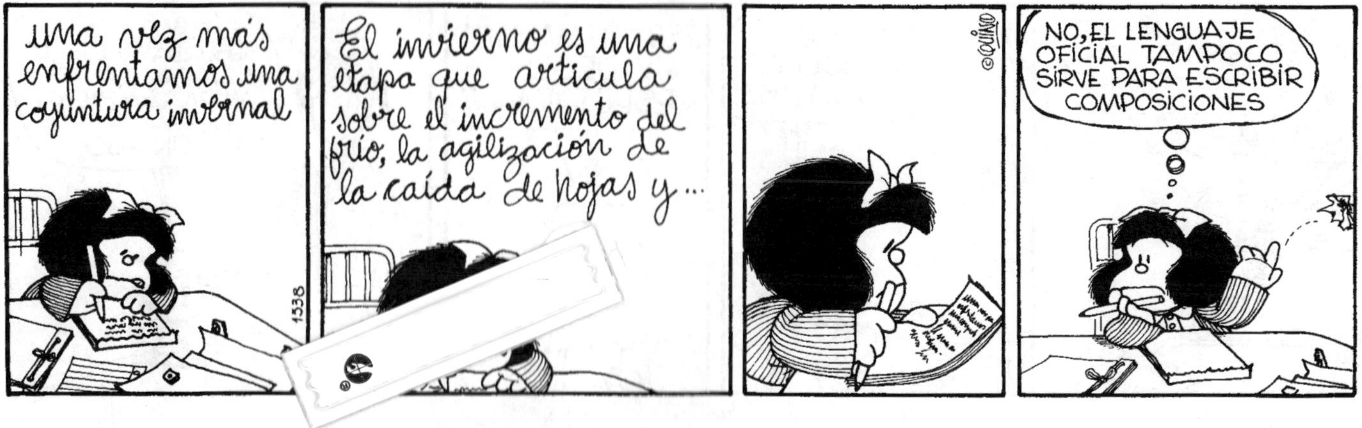
una vez más enfrentamos una coyuntura invernal
1538
El invierno es una etapa que articula sobre el incremento del frío, la agilización de la caída de hojas y...
© QUINO
NO, EL LENGUAJE OFICIAL TAMPOCO SIRVE PARA ESCRIBIR COMPOSICIONES

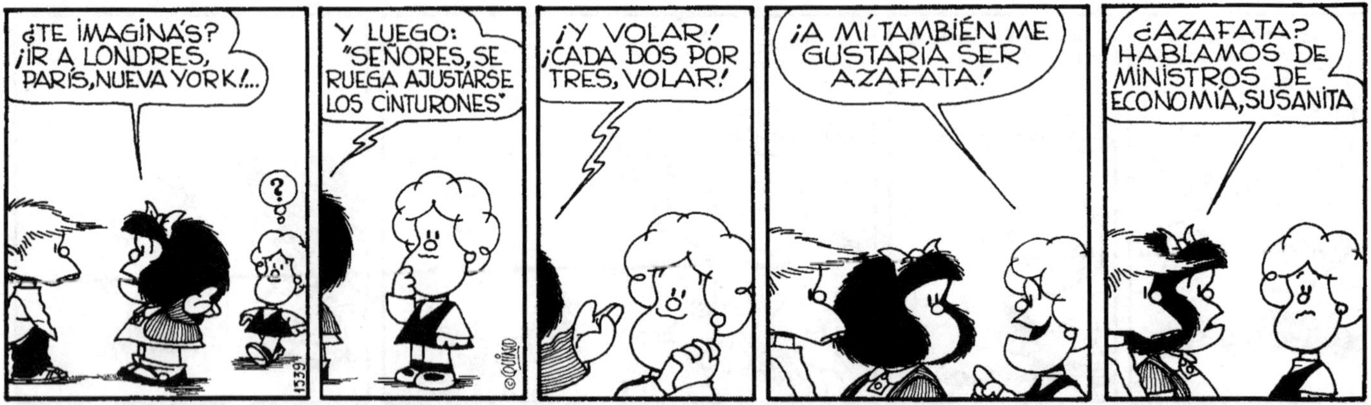
¿TE IMAGINÁS? ¡IR A LONDRES, PARÍS, NUEVA YORK!...
1539
Y LUEGO: "SEÑORES, SE RUEGA AJUSTARSE LOS CINTURONES"
¡Y VOLAR! ¡CADA DOS POR TRES, VOLAR!
¡A MÍ TAMBIÉN ME GUSTARÍA SER AZAFATA!
¿AZAFATA? HABLAMOS DE MINISTROS DE ECONOMÍA, SUSANITA

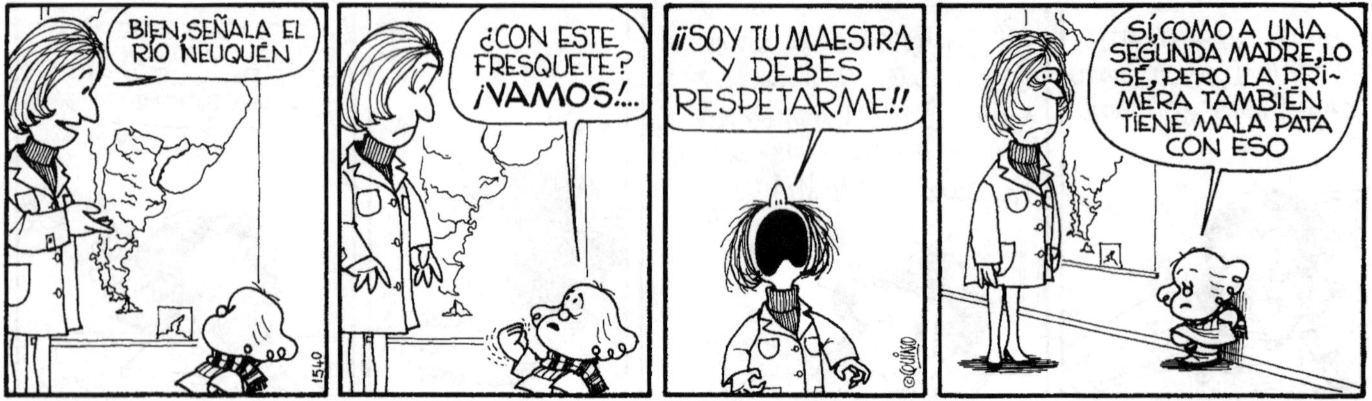
BIEN, SEÑALA EL RÍO NEUQUÉN
1540
¿CON ESTE FRESQUETE? ¡VAMOS!...
¡¡SOY TU MAESTRA Y DEBES RESPETARME!!
SÍ, COMO A UNA SEGUNDA MADRE, LO SÉ, PERO LA PRIMERA TAMBIÉN TIENE MALA PATA CON ESO

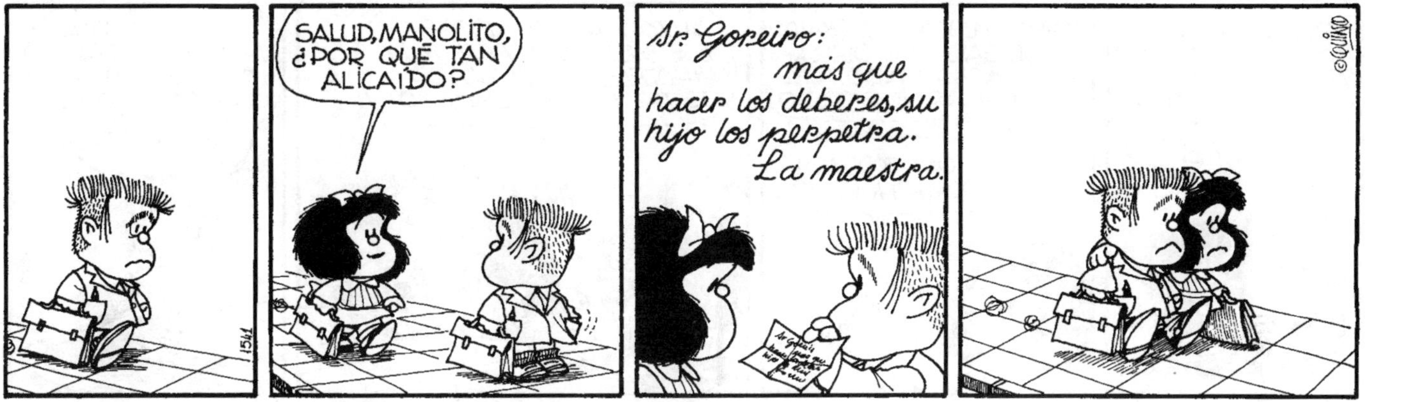
SALUD, MANOLITO, ¿POR QUÉ TAN ALICAÍDO?
Sr. Goreiro: más que hacer los deberes, su hijo los perpetra. La maestra.
1541
©QUINO

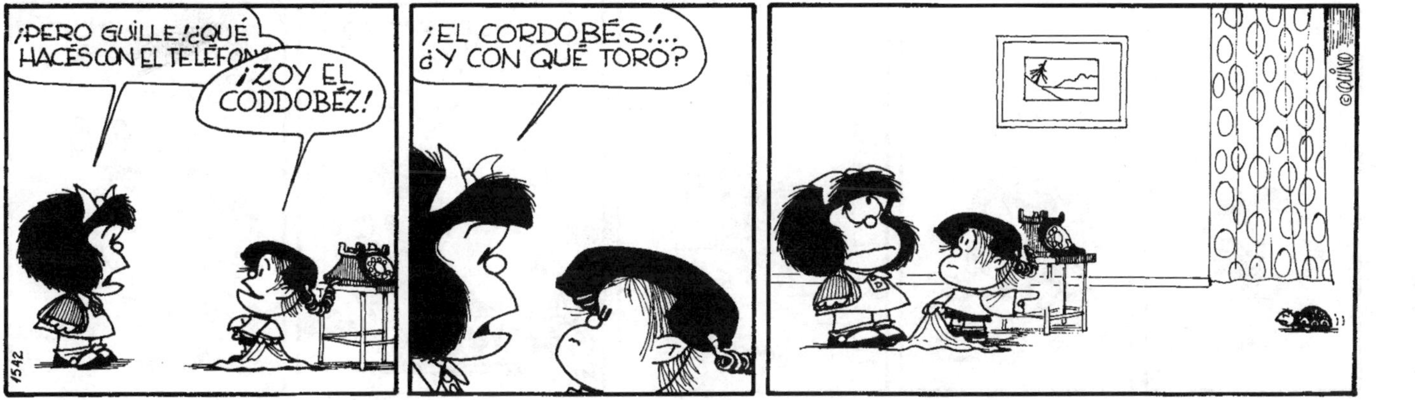
¡PERO GUILLE! ¿QUÉ HACÉS CON EL TELÉFON
¡ZOY EL CODDOBÉZ!
¡EL CORDOBÉS!... ¿Y CON QUÉ TORO?
1542
©QUINO

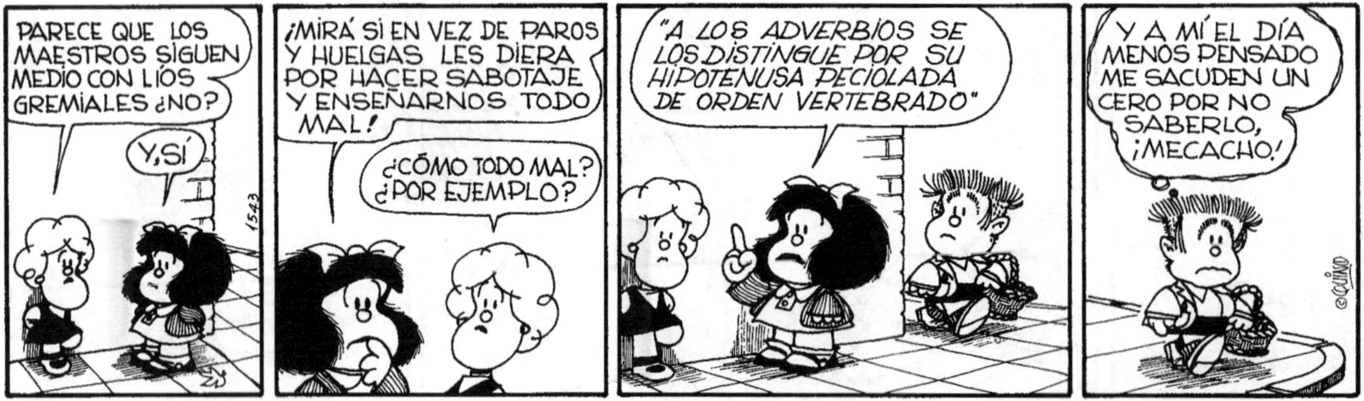
PARECE QUE LOS MAESTROS SIGUEN MEDIO CON LÍOS GREMIALES ¿NO?
Y, SÍ
1543
¡MIRÁ SI EN VEZ DE PAROS Y HUELGAS LES DIERA POR HACER SABOTAJE Y ENSEÑARNOS TODO MAL!
¿CÓMO TODO MAL? ¿POR EJEMPLO?
"A LOS ADVERBIOS SE LOS DISTINGUE POR SU HIPOTENUSA PECIOLADA DE ORDEN VERTEBRADO"
Y A MÍ EL DÍA MENOS PENSADO ME SACUDEN UN CERO POR NO SABERLO, ¡MECACHO!
©QUINO

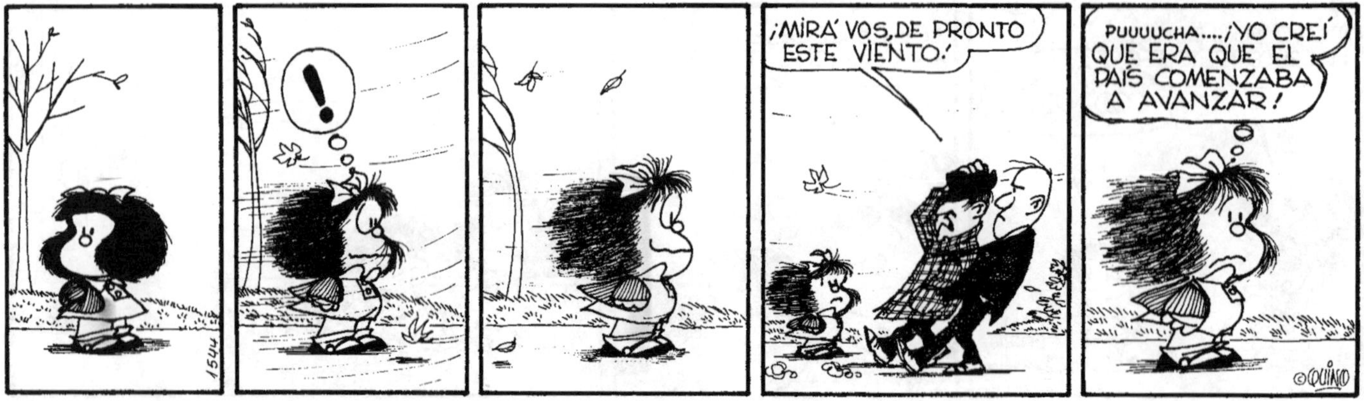
1544
!
¡MIRÁ VOS, DE PRONTO ESTE VIENTO!
PUUUUCHA.... ¡YO CREÍ QUE ERA QUE EL PAÍS COMENZABA A AVANZAR!
©QUINO

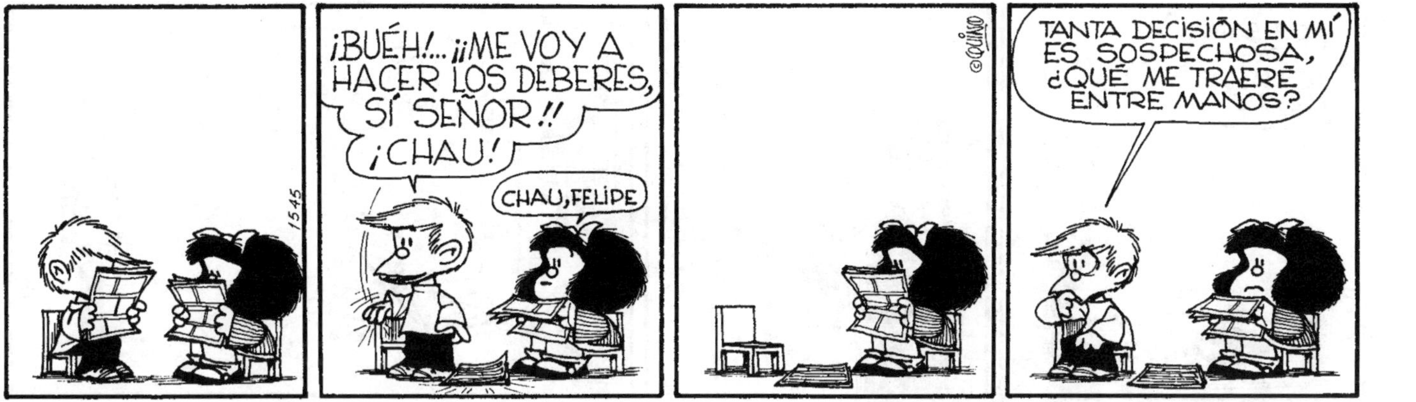
1545
¡BUÉH!... ¡¡ME VOY A HACER LOS DEBERES, SÍ SEÑOR!!
¡CHAU!
CHAU, FELIPE
©QUINO
TANTA DECISIÓN EN MÍ ES SOSPECHOSA, ¿QUÉ ME TRAERÉ ENTRE MANOS?

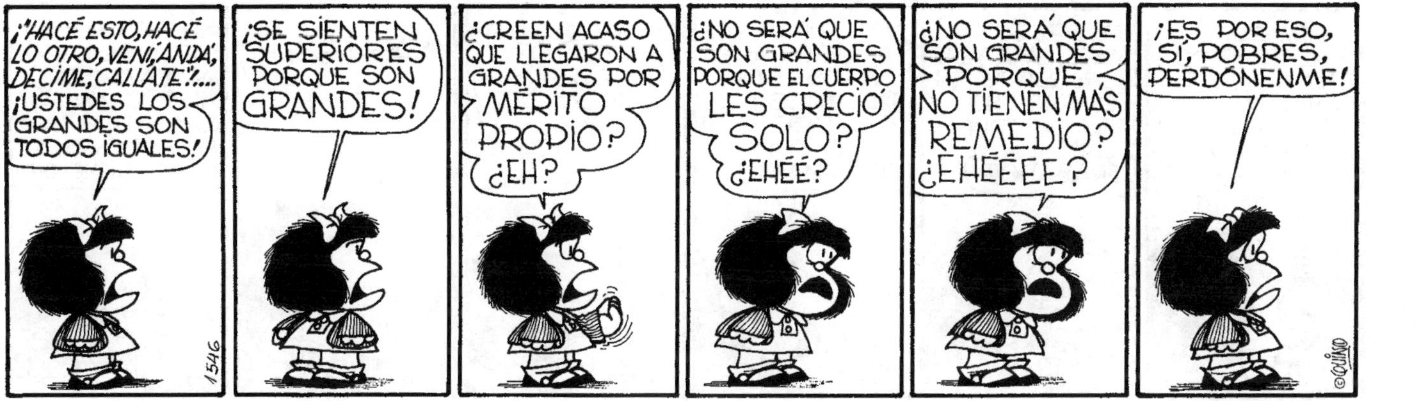
¡"HACÉ ESTO, HACÉ LO OTRO, VENÍ, ANDÁ, DECIME, CALLATE"!... ¡USTEDES LOS GRANDES SON TODOS IGUALES!
1546
¡SE SIENTEN SUPERIORES PORQUE SON GRANDES!
¿CREEN ACASO QUE LLEGARON A GRANDES POR MÉRITO PROPIO?
¿EH?
¿NO SERÁ QUE SON GRANDES PORQUE EL CUERPO LES CRECIÓ SOLO?
¿EHÉÉ?
¿NO SERÁ QUE SON GRANDES PORQUE NO TIENEN MÁS REMEDIO?
¿EHÉÉEE?
¡ES POR ESO, SÍ, POBRES, PERDÓNENME!
©QUINO

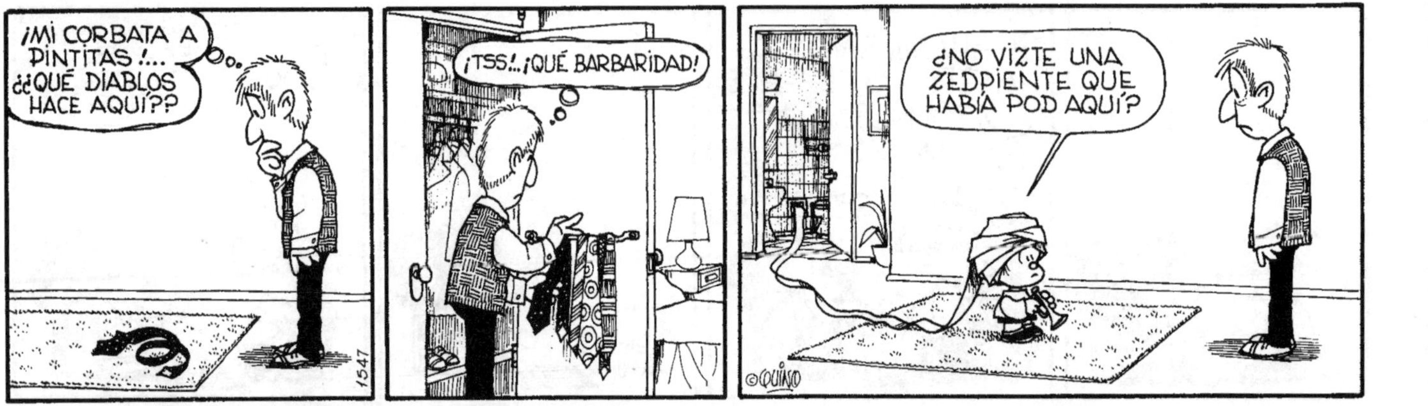
¡MI CORBATA A PINTITAS!... ¿¿QUÉ DIABLOS HACE AQUÍ??
1547
¡TSS!..¡QUÉ BARBARIDAD!
¿NO VIZTE UNA ZEDPIENTE QUE HABÍA POD AQUÍ?
©QUINO

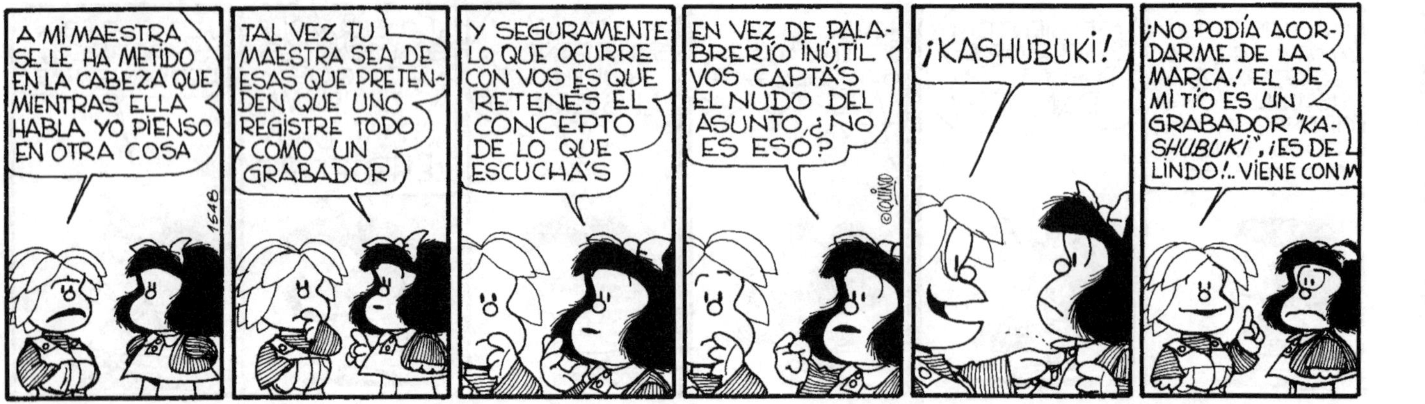
A MI MAESTRA SE LE HA METIDO EN LA CABEZA QUE MIENTRAS ELLA HABLA YO PIENSO EN OTRA COSA
1548
TAL VEZ TU MAESTRA SEA DE ESAS QUE PRETENDEN QUE UNO REGISTRE TODO COMO UN GRABADOR
Y SEGURAMENTE LO QUE OCURRE CON VOS ES QUE RETENÉS EL CONCEPTO DE LO QUE ESCUCHÁS
EN VEZ DE PALABRERÍO INÚTIL VOS CAPTÁS EL NUDO DEL ASUNTO, ¿NO ES ESO?
©QUINO
¡KASHUBUKI!
¡NO PODÍA ACORDARME DE LA MARCA! EL DE MI TÍO ES UN GRABADOR "KASHUBUKI", ¡ES DE LINDO!.. VIENE CON M

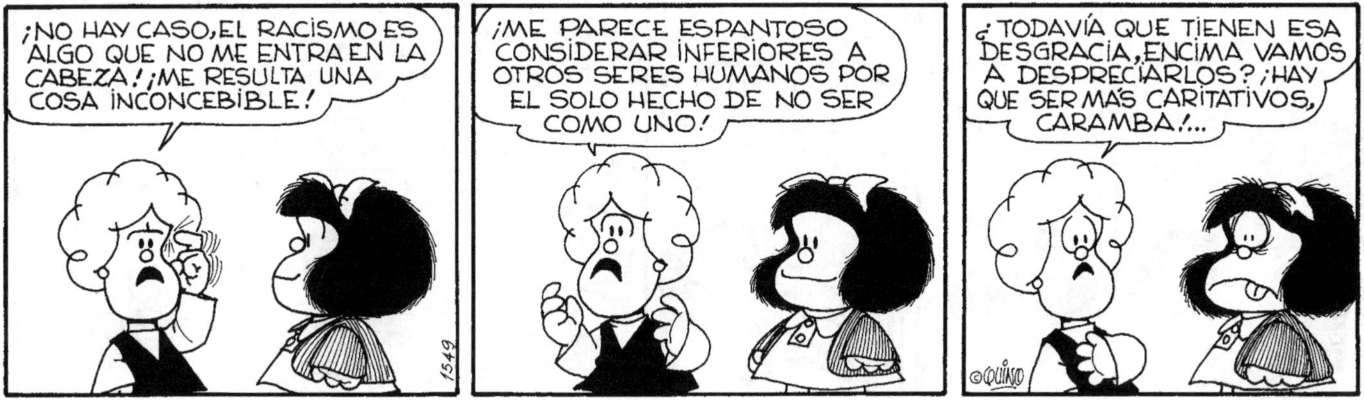
¡NO HAY CASO, EL RACISMO ES ALGO QUE NO ME ENTRA EN LA CABEZA! ¡ME RESULTA UNA COSA INCONCEBIBLE!
¡ME PARECE ESPANTOSO CONSIDERAR INFERIORES A OTROS SERES HUMANOS POR EL SOLO HECHO DE NO SER COMO UNO!
¿TODAVÍA QUE TIENEN ESA DESGRACIA, ENCIMA VAMOS A DESPRECIARLOS? ¡HAY QUE SER MÁS CARITATIVOS, CARAMBA!...
1549
©QUINO

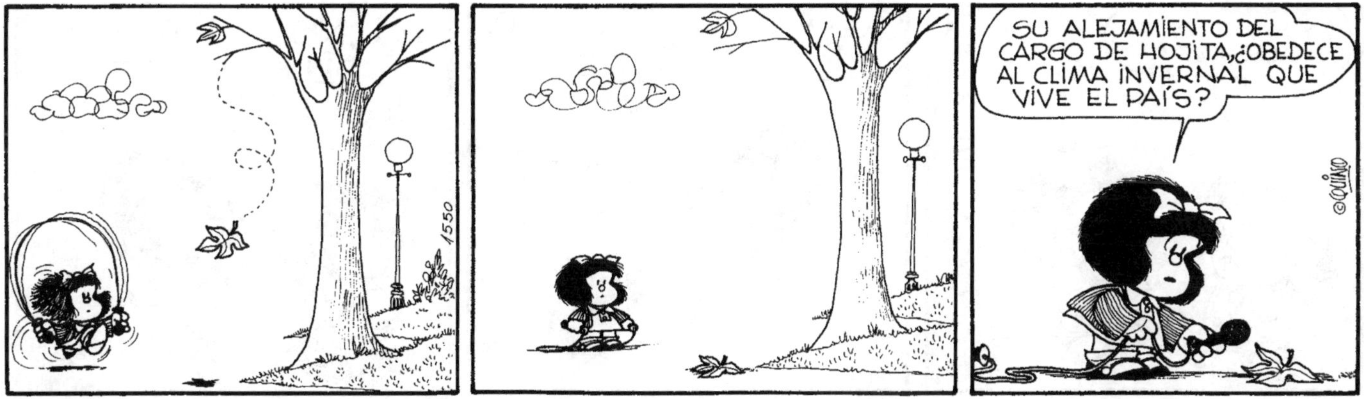
1550
SU ALEJAMIENTO DEL CARGO DE HOJITA, ¿OBEDECE AL CLIMA INVERNAL QUE VIVE EL PAÍS?
©QUINO

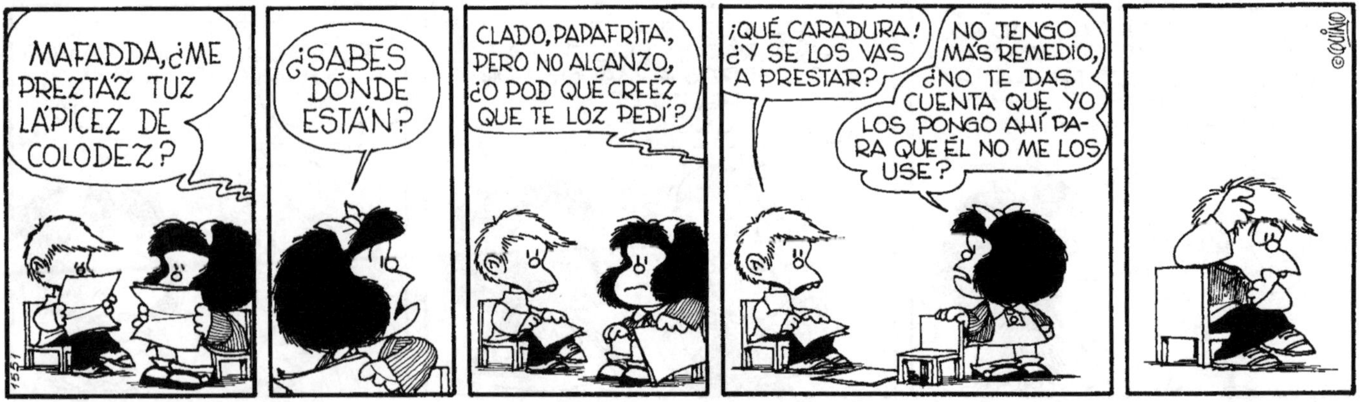
MAFADDA, ¿ME PREZTÁZ TUZ LÁPICEZ DE COLODEZ?
¿SABÉS DÓNDE ESTÁN?
CLADO, PAPAFRITA, PERO NO ALCANZO, ¿O POD QUÉ CREÉZ QUE TE LOZ PEDÍ?
¡QUÉ CARADURA! ¿Y SE LOS VAS A PRESTAR?
NO TENGO MÁS REMEDIO, ¿NO TE DAS CUENTA QUE YO LOS PONGO AHÍ PARA QUE ÉL NO ME LOS USE?
1551
© QUINO

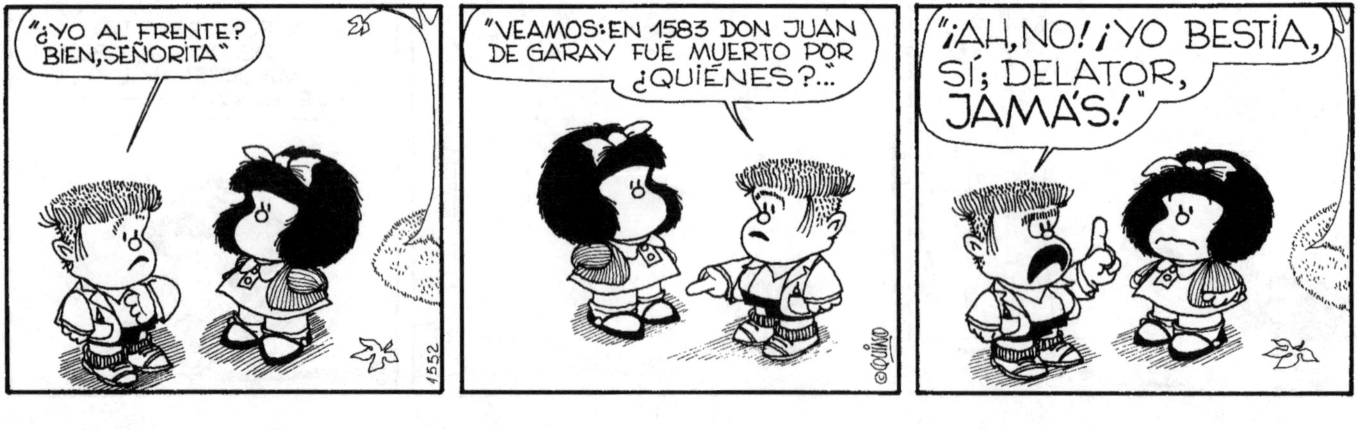
"¿YO AL FRENTE? BIEN, SEÑORITA"
"VEAMOS: EN 1583 DON JUAN DE GARAY FUÉ MUERTO POR ¿QUIÉNES?..."
"¡AH, NO! ¡YO BESTIA, SÍ; DELATOR, JAMÁS!"
1552
© QUINO

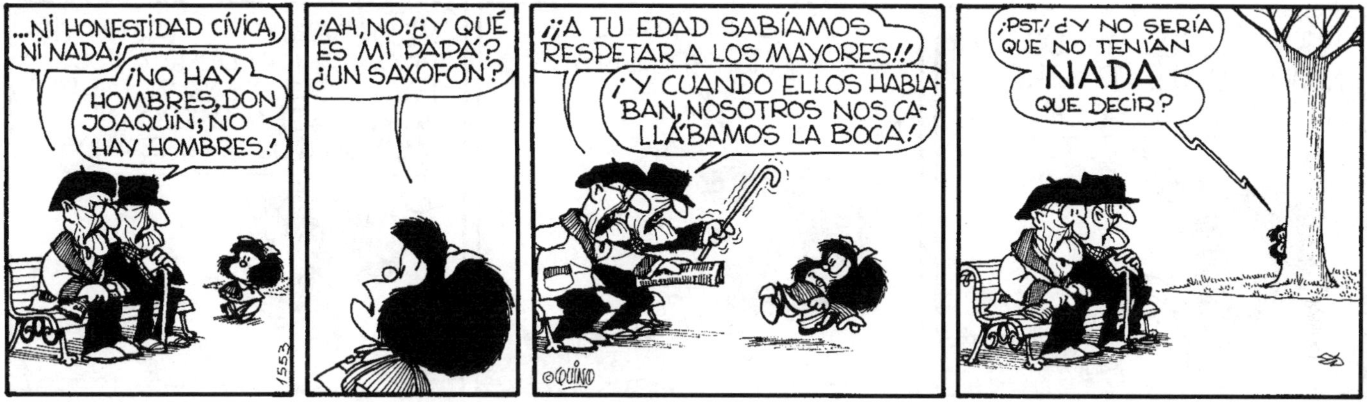
...NI HONESTIDAD CÍVICA, NI NADA!
¡NO HAY HOMBRES, DON JOAQUÍN; NO HAY HOMBRES!
1553
¡AH, NO! ¿Y QUÉ ES MI PAPÁ? ¿UN SAXOFÓN?
¡¡A TU EDAD SABÍAMOS RESPETAR A LOS MAYORES!!
¡Y CUANDO ELLOS HABLABAN, NOSOTROS NOS CALLÁBAMOS LA BOCA!
©QUINO
¡PST! ¿Y NO SERÍA QUE NO TENÍAN NADA QUE DECIR?

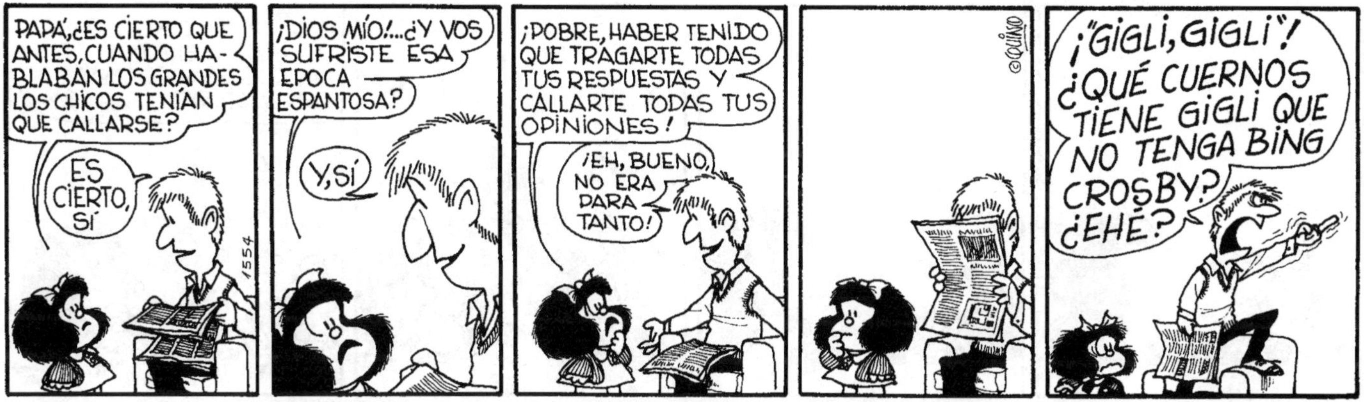
PAPÁ, ¿ES CIERTO QUE ANTES, CUANDO HABLABAN LOS GRANDES LOS CHICOS TENÍAN QUE CALLARSE?
ES CIERTO, SÍ
1554
¡DIOS MÍO!...¿Y VOS SUFRISTE ESA ÉPOCA ESPANTOSA?
Y, SÍ
¡POBRE, HABER TENIDO QUE TRAGARTE TODAS TUS RESPUESTAS Y CALLARTE TODAS TUS OPINIONES!
¡EH, BUENO, NO ERA PARA TANTO!
©QUINO
¡"GIGLI, GIGLI"! ¿QUÉ CUERNOS TIENE GIGLI QUE NO TENGA BING CROSBY? ¿EHÉ?

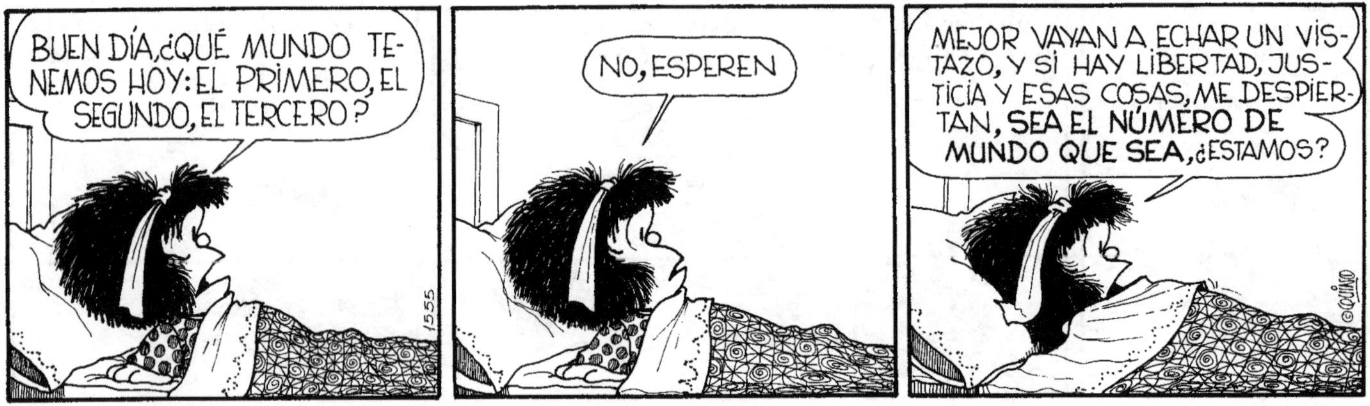
BUEN DÍA,¿QUÉ MUNDO TENEMOS HOY: EL PRIMERO, EL SEGUNDO, EL TERCERO ?
1555
NO, ESPEREN
MEJOR VAYAN A ECHAR UN VISTAZO, Y SI HAY LIBERTAD, JUSTICIA Y ESAS COSAS, ME DESPIERTAN, SEA EL NÚMERO DE MUNDO QUE SEA, ¿ESTAMOS?
©QUINO

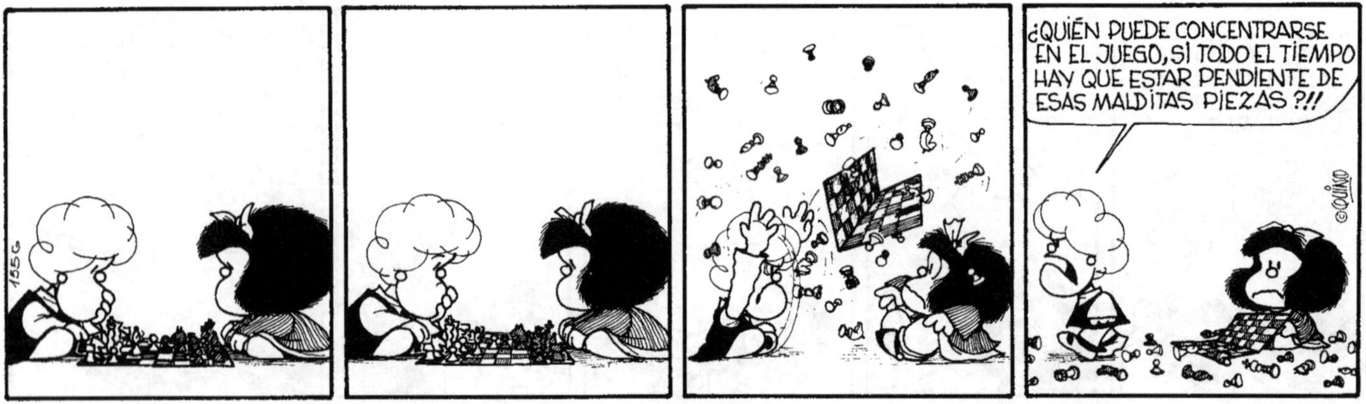
1556
¿QUIÉN PUEDE CONCENTRARSE EN EL JUEGO, SI TODO EL TIEMPO HAY QUE ESTAR PENDIENTE DE ESAS MALDITAS PIEZAS ?!!
©QUINO

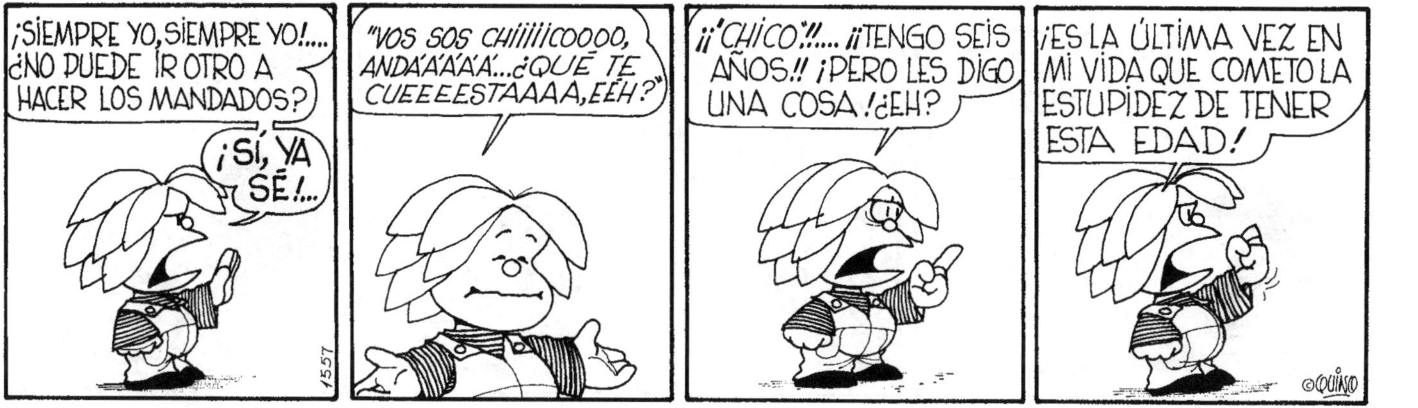
¡SIEMPRE YO, SIEMPRE YO!.... ¿NO PUEDE IR OTRO A HACER LOS MANDADOS?
¡SÍ, YA SÉ!...
1557
"VOS SOS CHIIIIICOOOO, ANDÁÁÁÁÁ...¿QUÉ TE CUEEEEESTAAAA, EEH?"
¡¡"CHICO"!!.... ¡¡TENGO SEIS AÑOS!! ¡PERO LES DIGO UNA COSA! ¿EH?
¡ES LA ÚLTIMA VEZ EN MI VIDA QUE COMETO LA ESTUPIDEZ DE TENER ESTA EDAD!
©QUINO

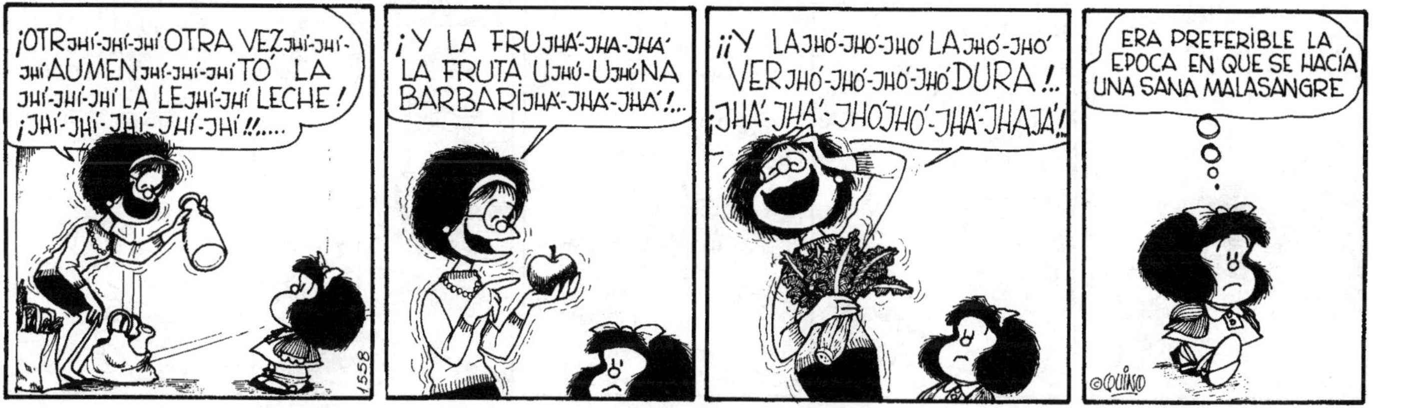
¡OTR JHÍ-JHÍ-JHÍ OTRA VEZ JHÍ-JHÍ-JHÍ AUMEN JHÍ-JHÍ-JHÍ TÓ LA JHÍ-JHÍ-JHÍ LA LE JHÍ-JHÍ LECHE! ¡JHÍ-JHÍ-JHÍ-JHÍ-JHÍ!!.....
1558
¡Y LA FRU JHÁ-JHA-JHÁ LA FRUTA U JHÚ-U JHÚ NA BARBARI JHÁ-JHÁ-JHÁ!...
¡¡Y LA JHÓ-JHÓ-JHÓ LA JHÓ-JHÓ VER JHÓ-JHÓ-JHÓ-JHÓ DURA!.. ¡JHÁ-JHÁ-JHÓ JHÓ-JHÁ-JHAJÁ!!
ERA PREFERIBLE LA EPOCA EN QUE SE HACÍA UNA SANA MALASANGRE
©QUINO

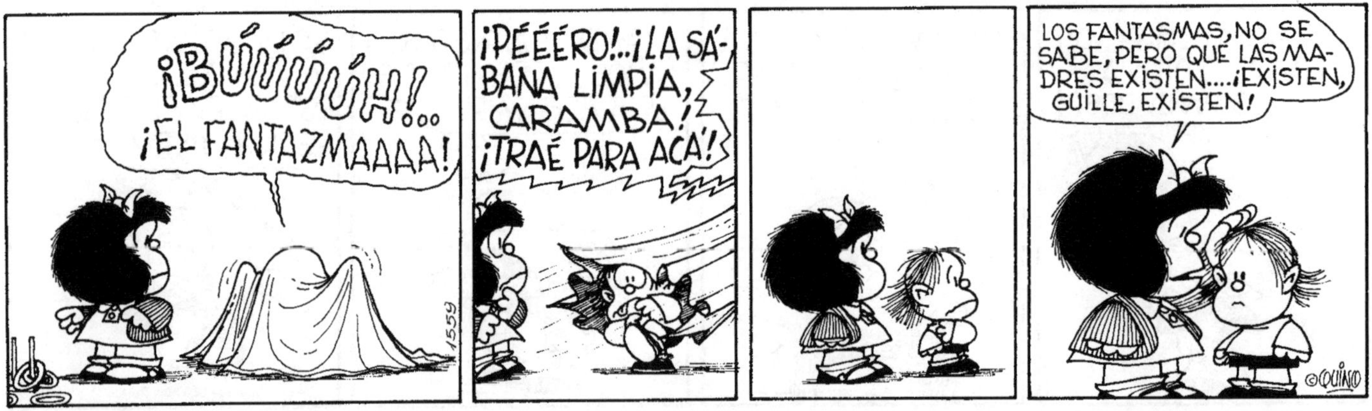
¡BÚÚÚÚH!... ¡EL FANTAZMAAAA!
1559
¡PÉÉÉRO!..¡LA SÁBANA LIMPIA, CARAMBA! ¡TRAÉ PARA ACÁ!
LOS FANTASMAS, NO SE SABE, PERO QUE LAS MADRES EXISTEN....¡EXISTEN, GUILLE, EXISTEN!
©QUINO

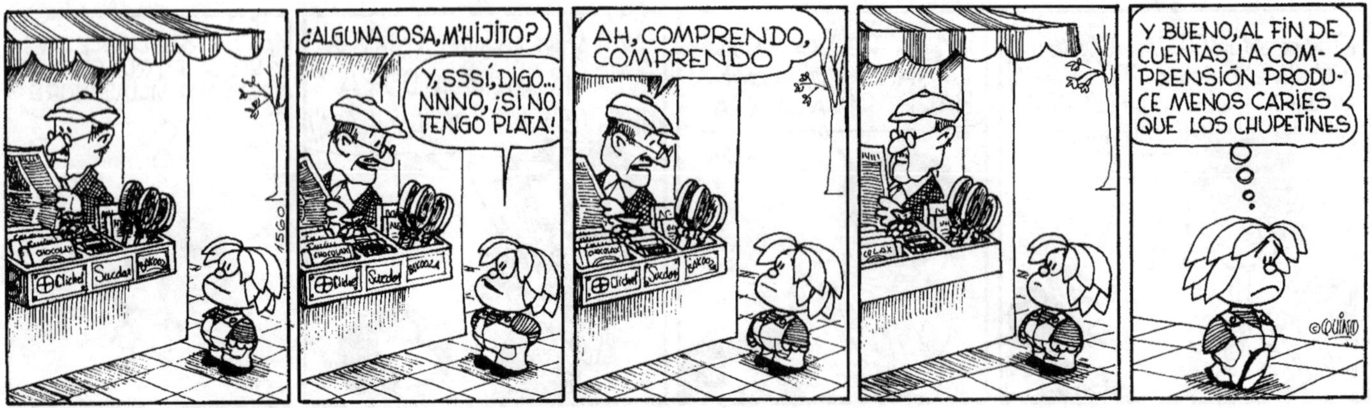
1560
¿ALGUNA COSA, M'HIJITO?
Y, SSSÍ, DIGO... NNNO, ¡SI NO TENGO PLATA!
AH, COMPRENDO, COMPRENDO
Y BUENO, AL FIN DE CUENTAS LA COMPRENSIÓN PRODUCE MENOS CARIES QUE LOS CHUPETINES
©QUINO

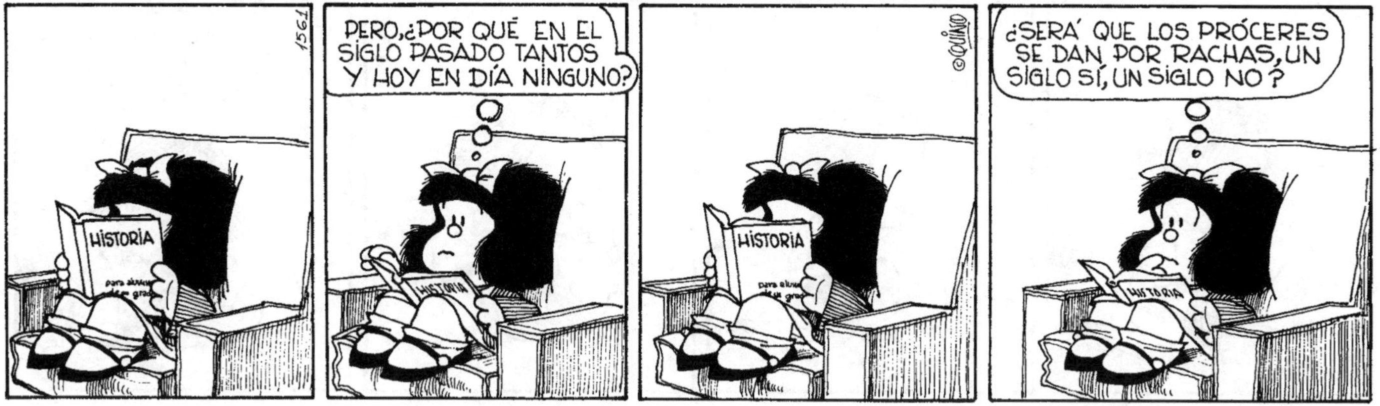
1561
HISTORIA
PERO, ¿POR QUÉ EN EL SIGLO PASADO TANTOS Y HOY EN DÍA NINGUNO?
HISTORIA
HISTORIA
©QUINO
¿SERÁ QUE LOS PRÓCERES SE DAN POR RACHAS, UN SIGLO SÍ, UN SIGLO NO?
HISTORIA

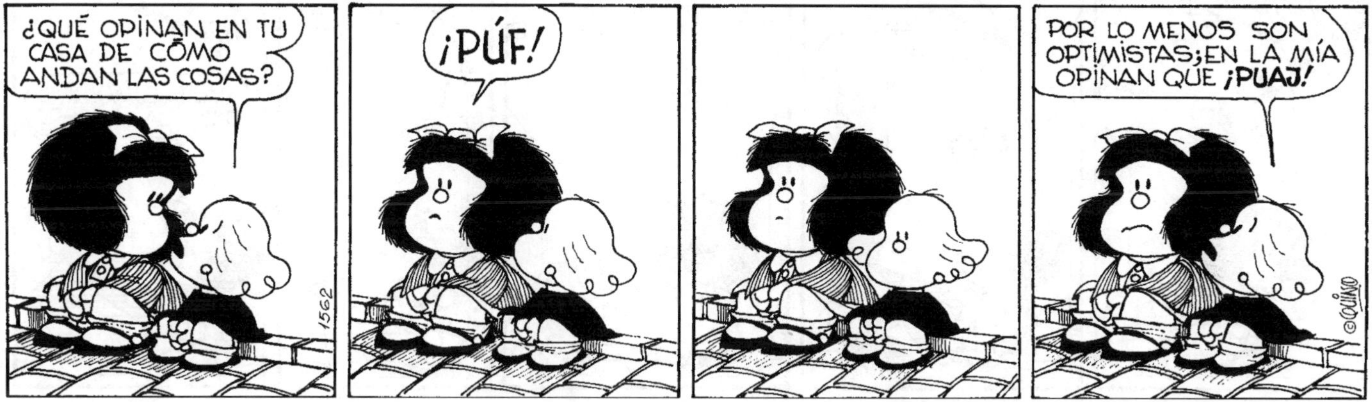
¿QUÉ OPINAN EN TU CASA DE CÓMO ANDAN LAS COSAS?
1562
¡PÚF!
POR LO MENOS SON OPTIMISTAS; EN LA MÍA OPINAN QUE **¡PUAJ!**
©QUINO

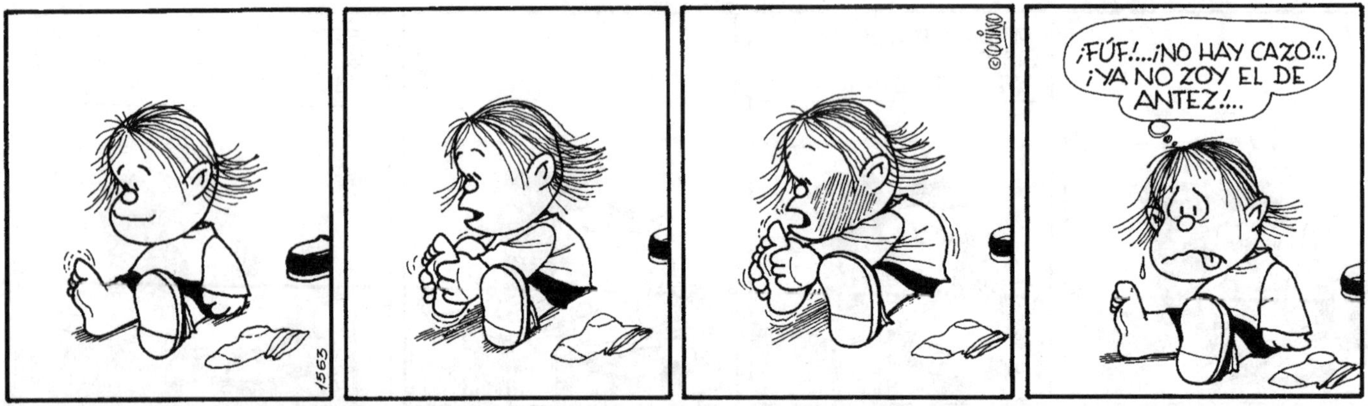
1563
©QUINO
¡FÚF!...¡NO HAY CAZO!..
¡YA NO ZOY EL DE ANTEZ!...

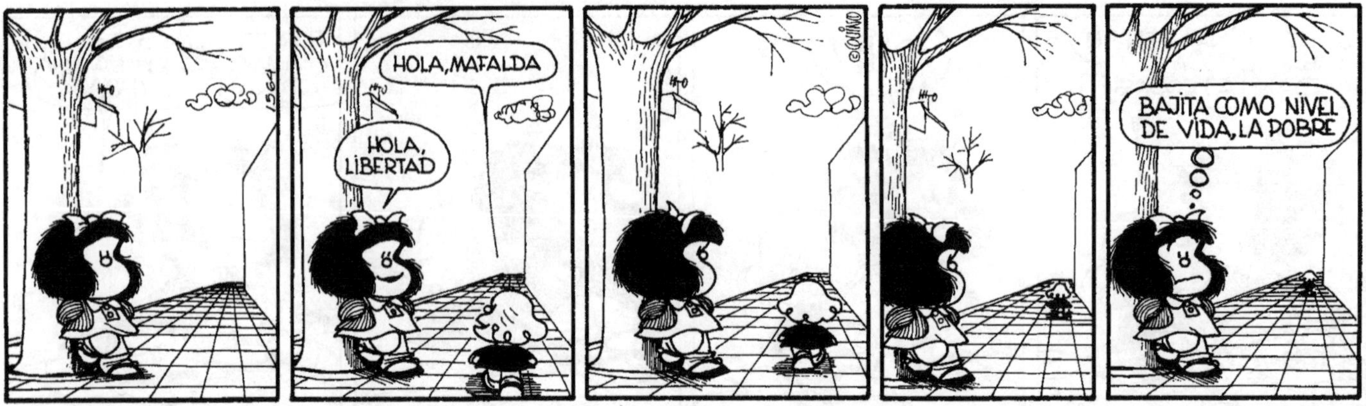
1564
HOLA, MAFALDA
HOLA, LIBERTAD
©QUINO
BAJITA COMO NIVEL DE VIDA, LA POBRE

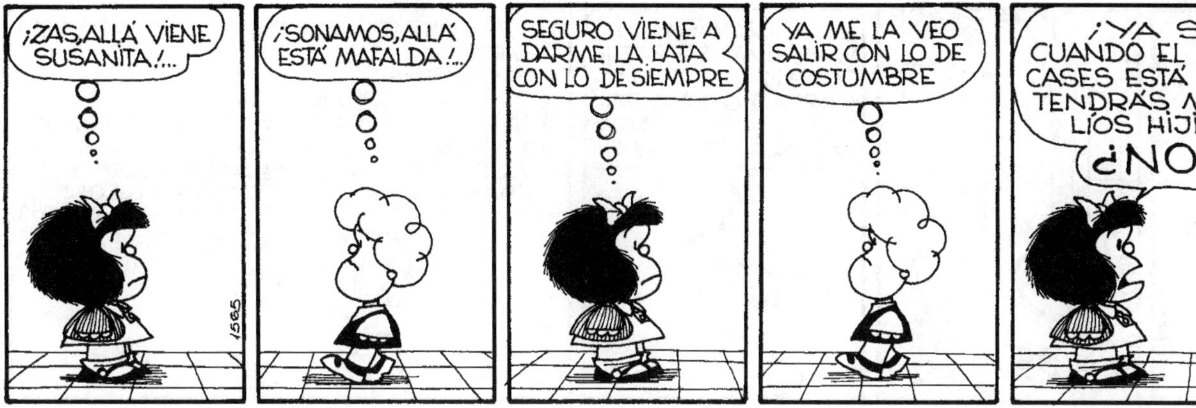
¡ZAS, ALLÁ VIENE SUSANITA!...
¡SONAMOS, ALLÁ ESTÁ MAFALDA!...
SEGURO VIENE A DARME LA LATA CON LO DE SIEMPRE
YA ME LA VEO SALIR CON LO DE COSTUMBRE
¡YA SÉ: CUANDO EL MUNDO TE CASES ESTÁ LLENO DE TENDRÁS MUCHOS LÍOS HIJITOS!
¿NO?

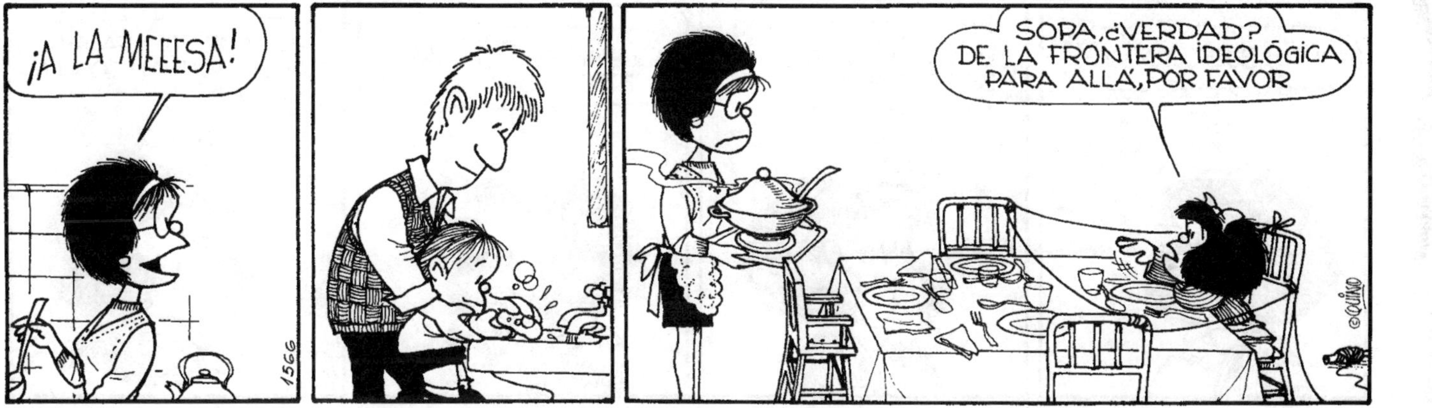
¡A LA MEEEESA!
SOPA, ¿VERDAD? DE LA FRONTERA IDEOLÓGICA PARA ALLÁ, POR FAVOR

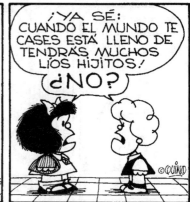

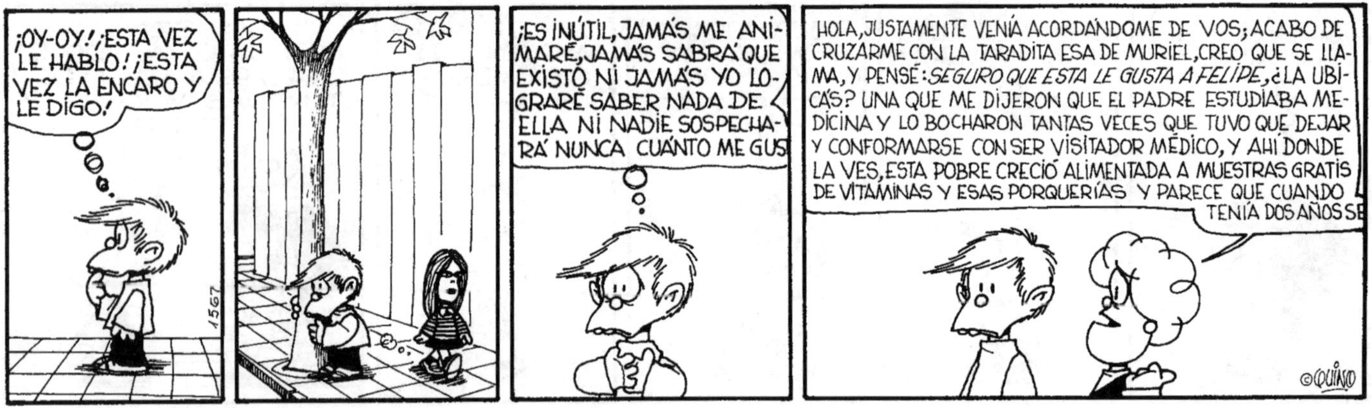
¡OY-OY! ¡ESTA VEZ LE HABLO! ¡ESTA VEZ LA ENCARO Y LE DIGO!
1567
¡ES INÚTIL, JAMÁS ME ANIMARÉ, JAMÁS SABRÁ QUE EXISTO NI JAMÁS YO LOGRARÉ SABER NADA DE ELLA NI NADIE SOSPECHARÁ NUNCA CUÁNTO ME GUS
HOLA, JUSTAMENTE VENÍA ACORDÁNDOME DE VOS; ACABO DE CRUZARME CON LA TARADITA ESA DE MURIEL, CREO QUE SE LLAMA, Y PENSÉ: *SEGURO QUE ESTA LE GUSTA A FELIPE*, ¿LA UBICÁS? UNA QUE ME DIJERON QUE EL PADRE ESTUDIABA MEDICINA Y LO BOCHARON TANTAS VECES QUE TUVO QUE DEJAR Y CONFORMARSE CON SER VISITADOR MÉDICO, Y AHÍ DONDE LA VES, ESTA POBRE CRECIÓ ALIMENTADA A MUESTRAS GRATIS DE VITAMINAS Y ESAS PORQUERÍAS Y PARECE QUE CUANDO TENÍA DOS AÑOS SE
©QUINO

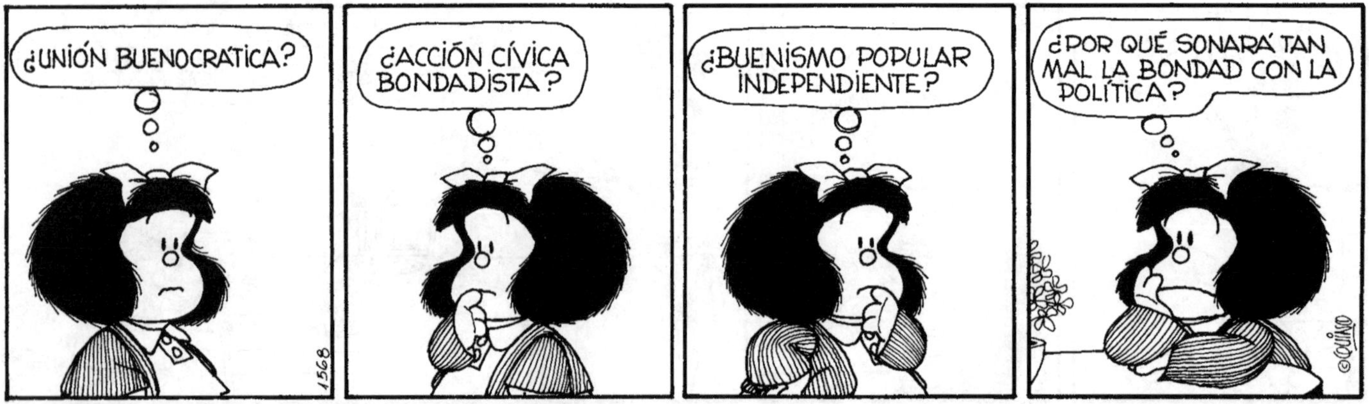
¿UNIÓN BUENOCRÁTICA?
1568
¿ACCIÓN CÍVICA BONDADISTA?
¿BUENISMO POPULAR INDEPENDIENTE?
¿POR QUÉ SONARÁ TAN MAL LA BONDAD CON LA POLÍTICA?
©QUINO

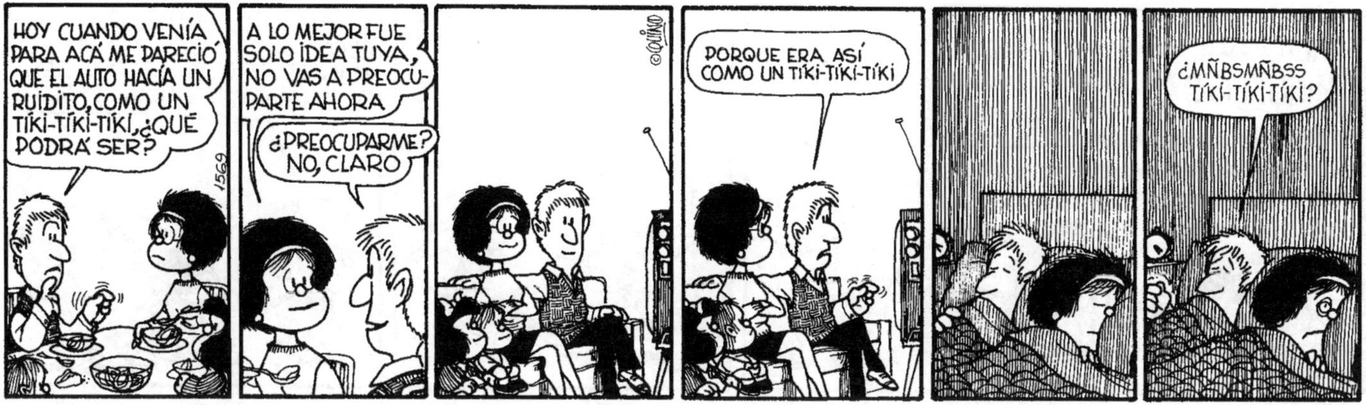
HOY CUANDO VENÍA PARA ACÁ ME PARECIÓ QUE EL AUTO HACÍA UN RUIDITO, COMO UN TÍKI-TÍKI-TÍKI, ¿QUÉ PODRÁ SER?
1569
A LO MEJOR FUE SOLO IDEA TUYA, NO VAS A PREOCUPARTE AHORA
¿PREOCUPARME? NO, CLARO
©QUINO
PORQUE ERA ASÍ COMO UN TÍKI-TÍKI-TÍKI
¿MÑBSMÑBSS TÍKI-TÍKI-TÍKI?

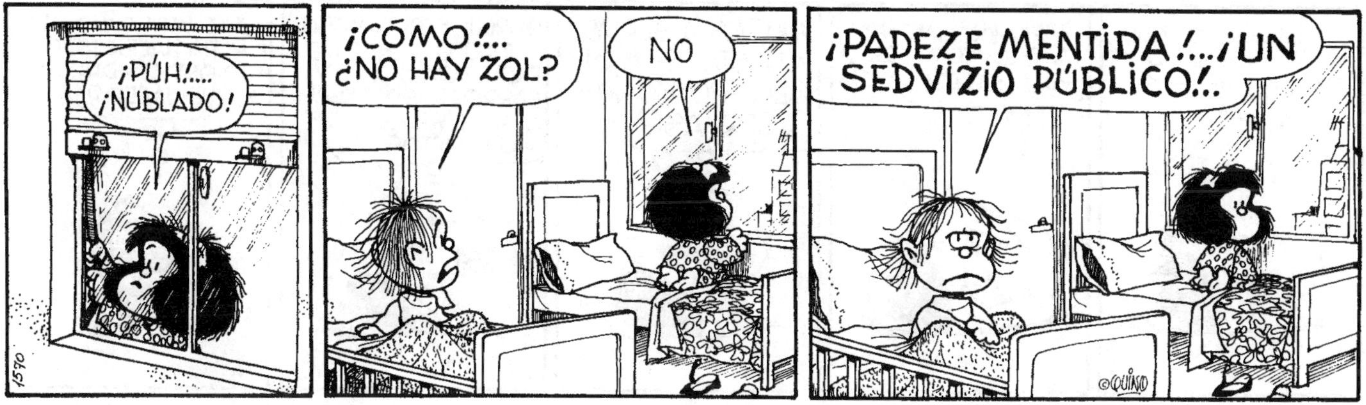
¡PÚH!.... ¡NUBLADO!
1570
¡CÓMO!... ¿NO HAY ZOL?
NO
¡PADEZE MENTIDA!...¡UN SEDVIZIO PÚBLICO!..
©QUINO

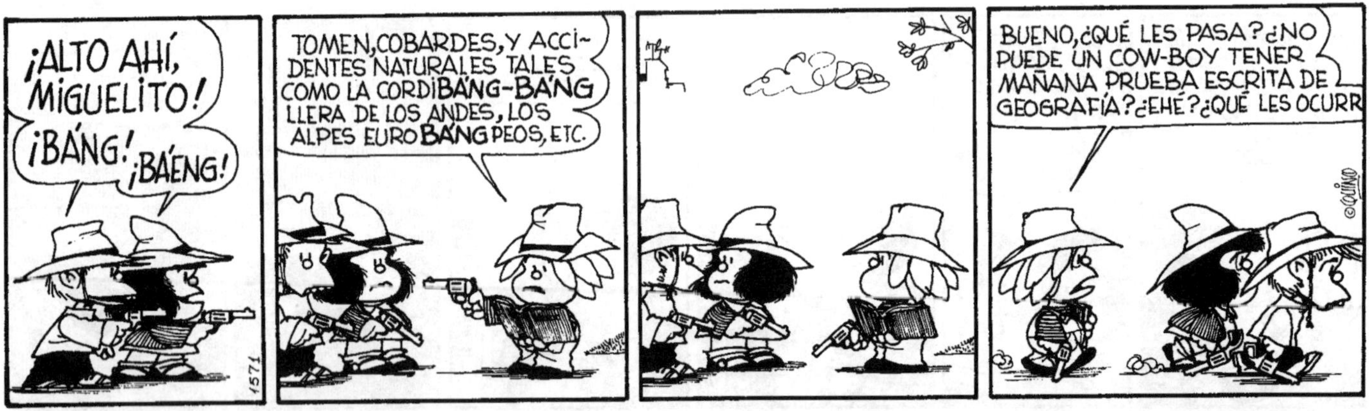
¡ALTO AHÍ, MIGUELITO!
¡BÁNG!
¡BÁENG!
1571
TOMEN, COBARDES, Y ACCIDENTES NATURALES TALES COMO LA CORDIBÁNG-BÁNG LLERA DE LOS ANDES, LOS ALPES EUROBÁNGPEOS, ETC.
BUENO, ¿QUÉ LES PASA? ¿NO PUEDE UN COW-BOY TENER MAÑANA PRUEBA ESCRITA DE GEOGRAFÍA? ¿EHÉ? ¿QUÉ LES OCURR
©QUINO

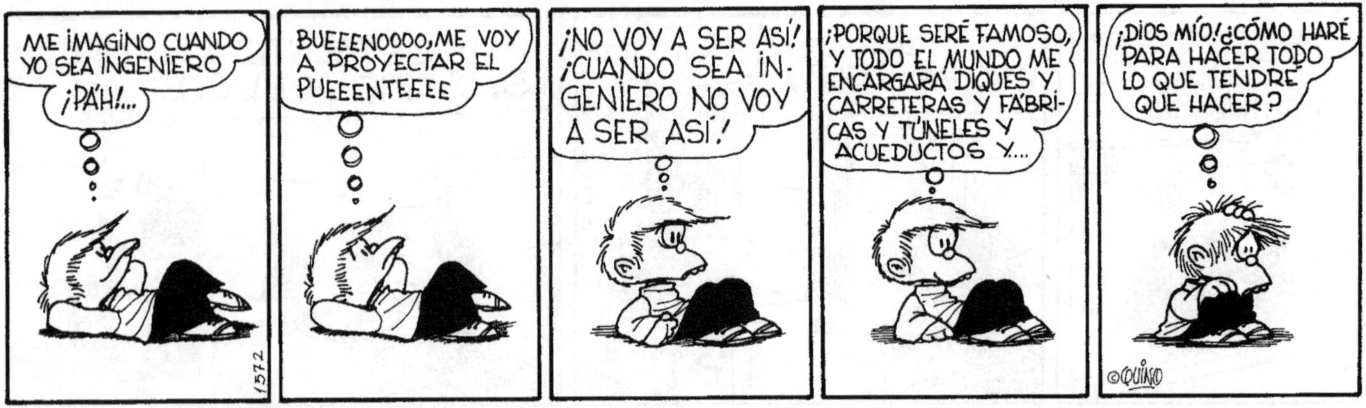
ME IMAGINO CUANDO YO SEA INGENIERO ¡PÁH!...
1572
BUEEENOOOO, ME VOY A PROYECTAR EL PUEEENTEEEE
¡NO VOY A SER ASÍ! ¡CUANDO SEA INGENIERO NO VOY A SER ASÍ!
¡PORQUE SERÉ FAMOSO, Y TODO EL MUNDO ME ENCARGARÁ DIQUES Y CARRETERAS Y FÁBRICAS Y TÚNELES Y ACUEDUCTOS Y...
¡DIOS MÍO! ¿CÓMO HARÉ PARA HACER TODO LO QUE TENDRÉ QUE HACER?
©QUINO

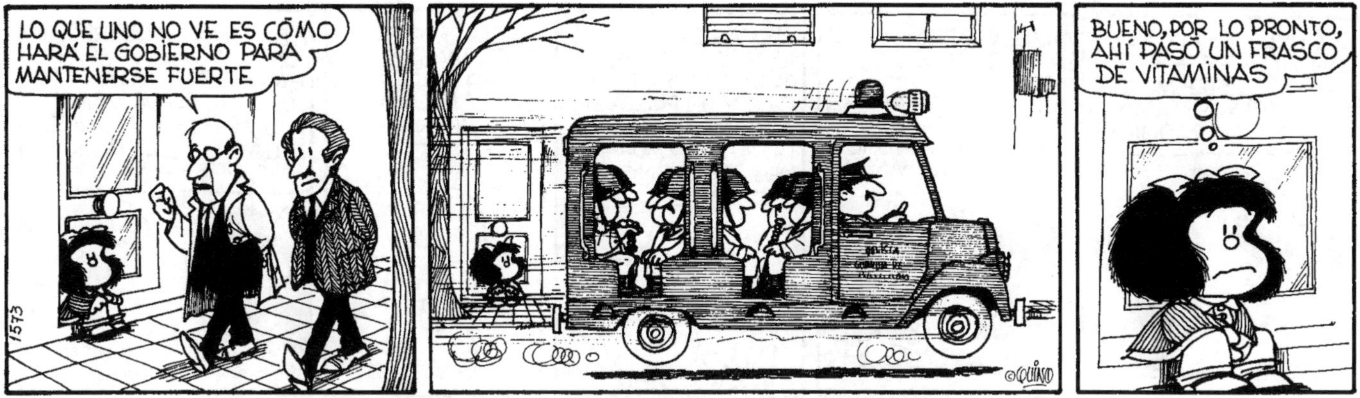
LO QUE UNO NO VE ES CÓMO HARÁ EL GOBIERNO PARA MANTENERSE FUERTE
1573
©QUINO
BUENO, POR LO PRONTO, AHÍ PASÓ UN FRASCO DE VITAMINAS

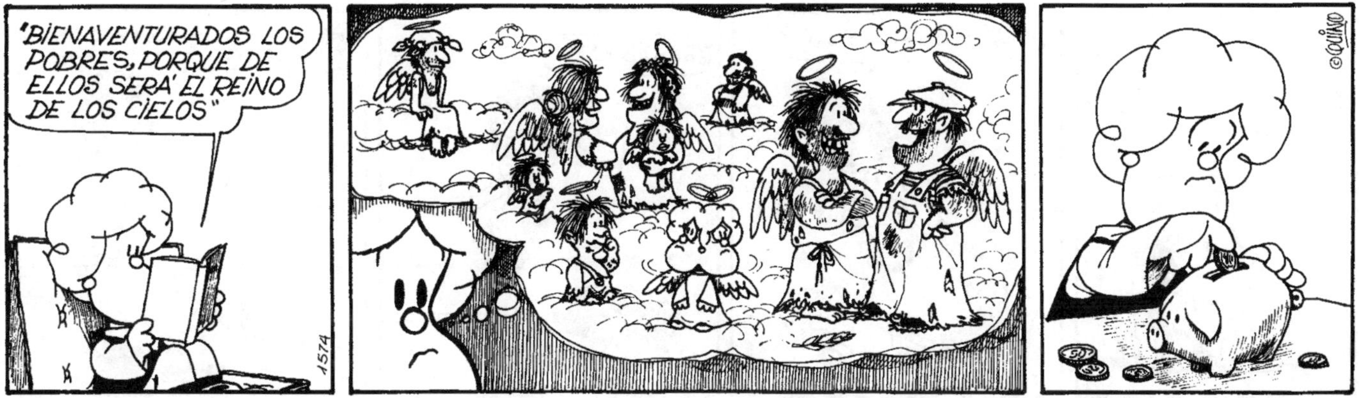
"BIENAVENTURADOS LOS POBRES, PORQUE DE ELLOS SERÁ EL REINO DE LOS CIELOS"
1574
©QUINO

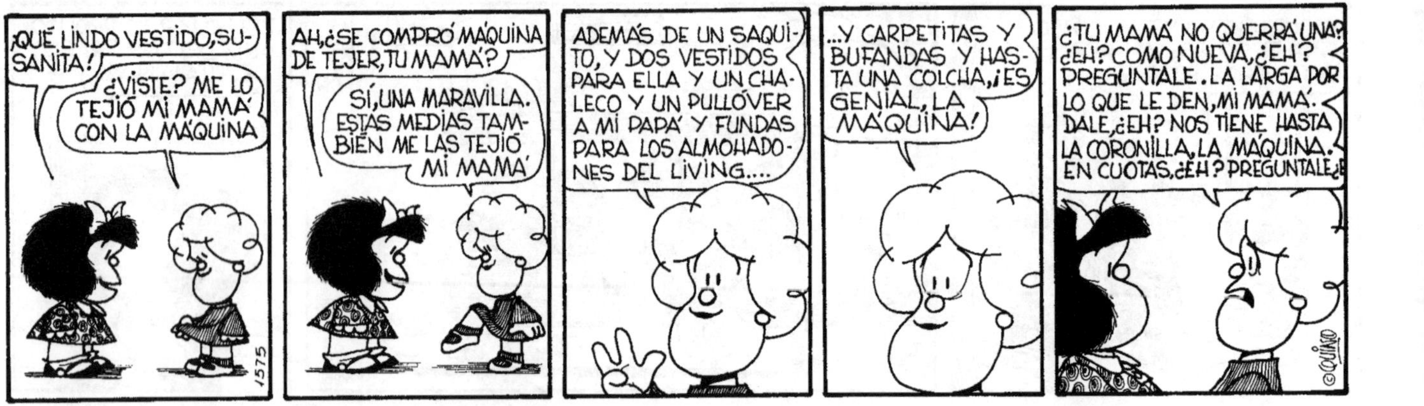
¡QUÉ LINDO VESTIDO, SUSANITA!
¿VISTE? ME LO TEJIÓ MI MAMÁ CON LA MÁQUINA
1575
AH, ¿SE COMPRÓ MÁQUINA DE TEJER, TU MAMÁ?
SÍ, UNA MARAVILLA. ESTAS MEDIAS TAMBIÉN ME LAS TEJIÓ MI MAMÁ
ADEMÁS DE UN SAQUITO, Y DOS VESTIDOS PARA ELLA Y UN CHALECO Y UN PULLÓVER A MI PAPÁ Y FUNDAS PARA LOS ALMOHADONES DEL LIVING....
...Y CARPETITAS Y BUFANDAS Y HASTA UNA COLCHA, ¡ES GENIAL, LA MÁQUINA!
¿TU MAMÁ NO QUERRÁ UNA? ¿EH? COMO NUEVA, ¿EH? PREGUNTALE. LA LARGA POR LO QUE LE DEN, MI MAMÁ. DALE, ¿EH? NOS TIENE HASTA LA CORONILLA, LA MÁQUINA. EN CUOTAS, ¿EH? PREGUNTALE ¿E
© QUINO

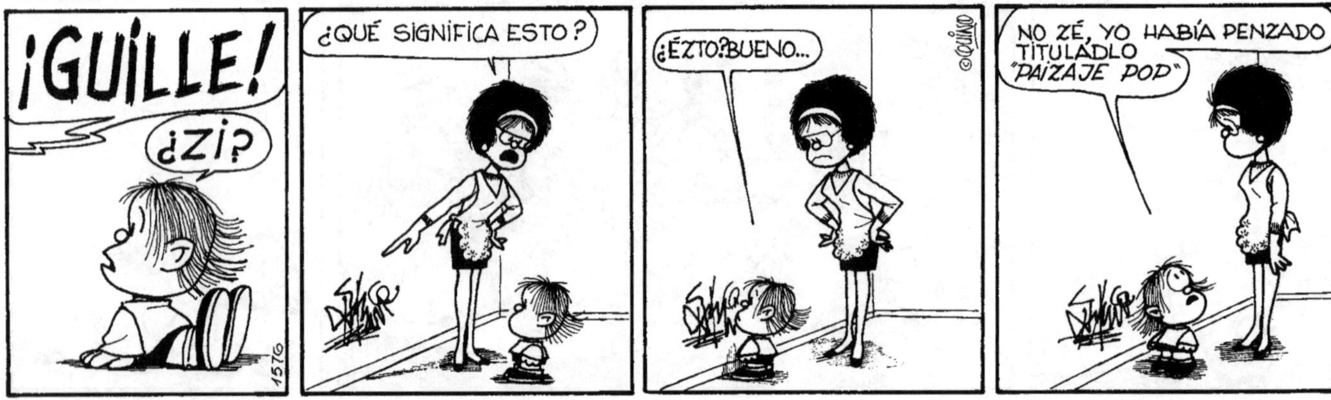
¡GUILLE!
¿ZI?
1576
¿QUÉ SIGNIFICA ESTO?
¿EZTO? BUENO...
© QUINO
NO ZÉ, YO HABÍA PENZADO TITULADLO "PAIZAJE POP"

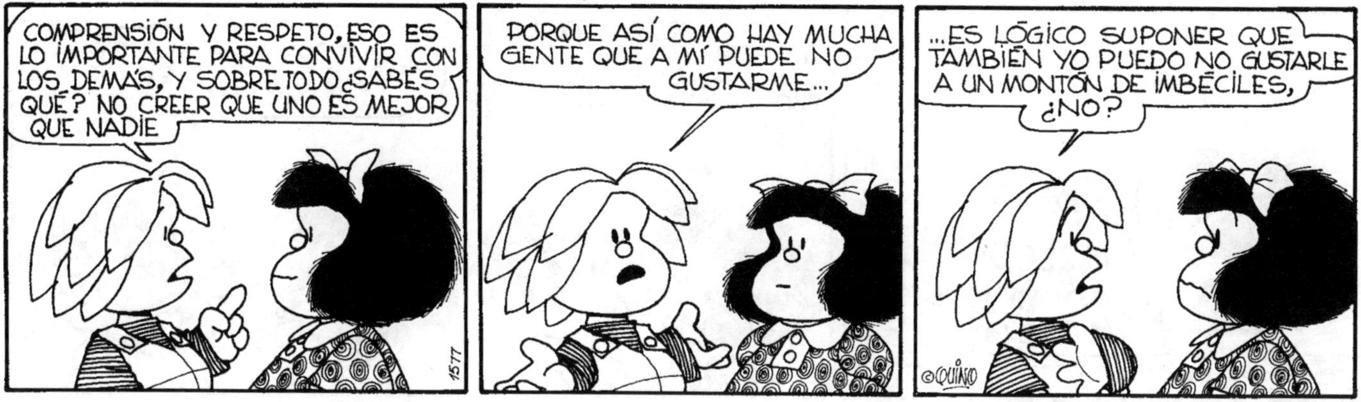
COMPRENSIÓN Y RESPETO, ESO ES LO IMPORTANTE PARA CONVIVIR CON LOS DEMÁS, Y SOBRETODO ¿SABÉS QUÉ? NO CREER QUE UNO ES MEJOR QUE NADIE
1577
PORQUE ASÍ COMO HAY MUCHA GENTE QUE A MÍ PUEDE NO GUSTARME...
...ES LÓGICO SUPONER QUE TAMBIÉN YO PUEDO NO GUSTARLE A UN MONTÓN DE IMBÉCILES, ¿NO?
©QUINO

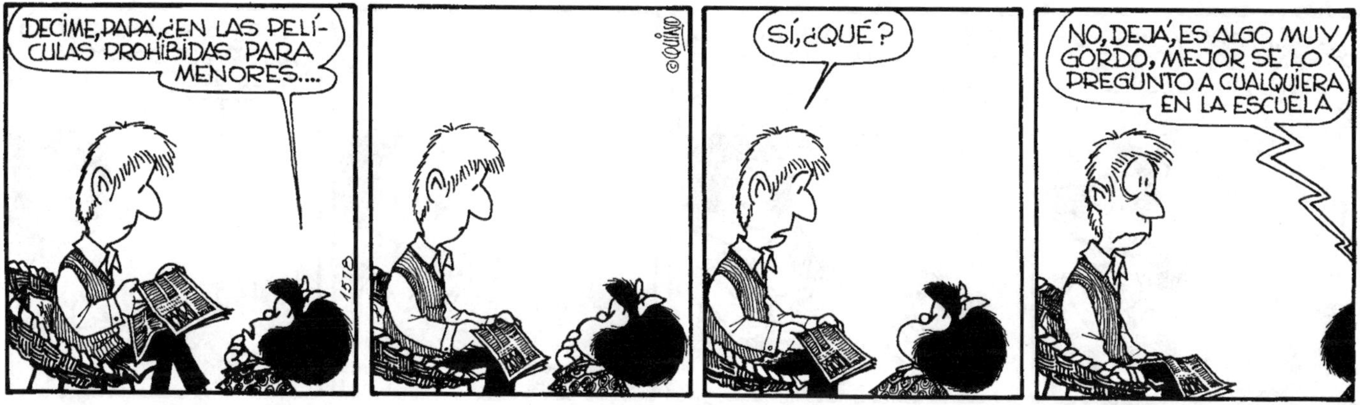
DECIME, PAPÁ, ¿EN LAS PELÍCULAS PROHIBIDAS PARA MENORES....
1578
©QUINO
SÍ, ¿QUÉ?
NO, DEJÁ, ES ALGO MUY GORDO, MEJOR SE LO PREGUNTO A CUALQUIERA EN LA ESCUELA

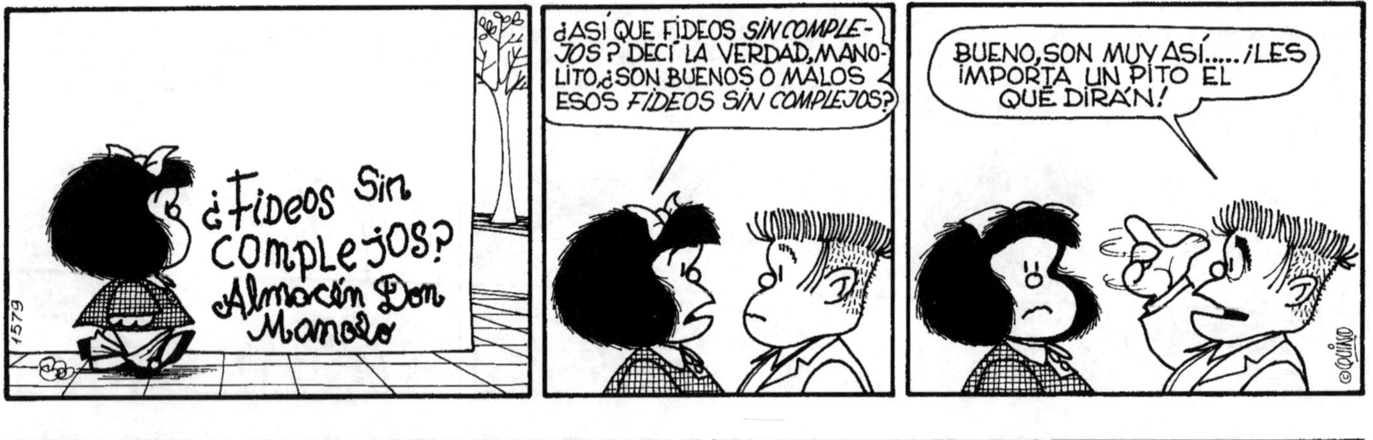
1579
¿Fideos sin complejos?
Almacén Don Manolo
¿ASÍ QUE FIDEOS *SIN COMPLEJOS*? DECÍ LA VERDAD, MANOLITO, ¿SON BUENOS O MALOS ESOS *FIDEOS SIN COMPLEJOS*?
BUENO, SON MUY ASÍ..... ¡LES IMPORTA UN PITO EL QUÉ DIRÁN!
©QUINO

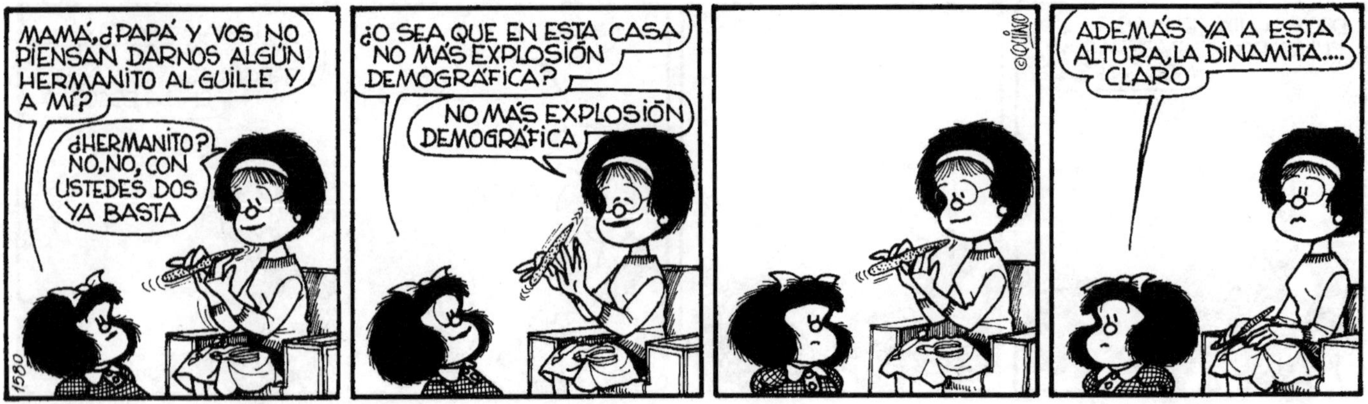
1580
MAMÁ, ¿PAPÁ Y VOS NO PIENSAN DARNOS ALGÚN HERMANITO AL GUILLE Y A MÍ?
¿HERMANITO? NO, NO, CON USTEDES DOS YA BASTA
¿O SEA QUE EN ESTA CASA NO MÁS EXPLOSIÓN DEMOGRÁFICA?
NO MÁS EXPLOSIÓN DEMOGRÁFICA
©QUINO
ADEMÁS YA A ESTA ALTURA, LA DINAMITA.... CLARO

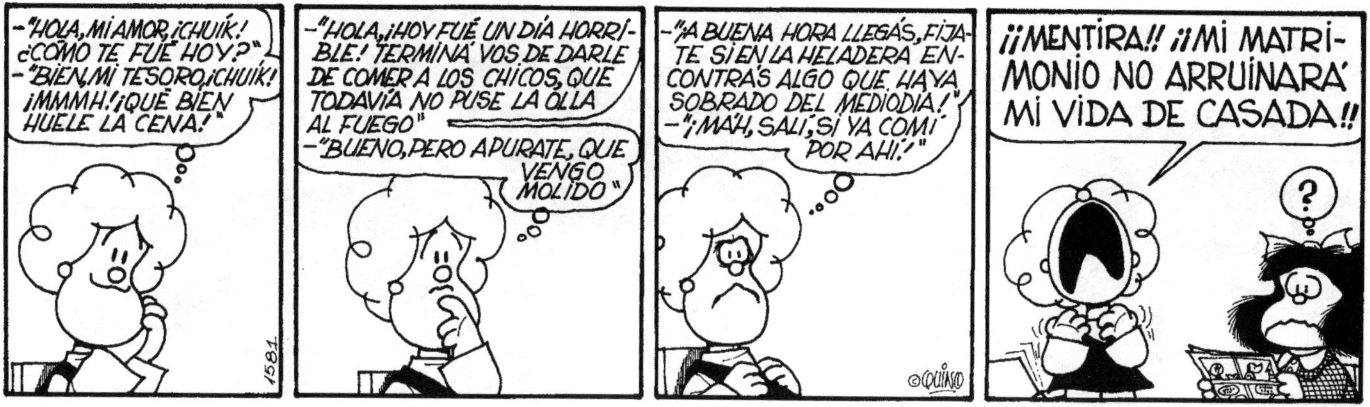

-"HOLA, MI AMOR, ¡CHUIK! ¿CÓMO TE FUÉ HOY?" -"BIEN, MI TESORO, ¡CHUIK! ¡MMMH! ¡QUÉ BIEN HUELE LA CENA!"
1581
-"HOLA, ¡HOY FUÉ UN DÍA HORRIBLE! TERMINÁ VOS DE DARLE DE COMER A LOS CHICOS, QUE TODAVÍA NO PUSE LA OLLA AL FUEGO"
-"BUENO, PERO APURATE, QUE VENGO MOLIDO"
-"¡A BUENA HORA LLEGÁS, FIJATE SI EN LA HELADERA ENCONTRÁS ALGO QUE HAYA SOBRADO DEL MEDIODÍA!" -"¡MÁH, SALÍ, SI YA COMÍ POR AHÍ!"
©QUINO
¡¡MENTIRA!! ¡¡MI MATRIMONIO NO ARRUINARÁ MI VIDA DE CASADA!!
?

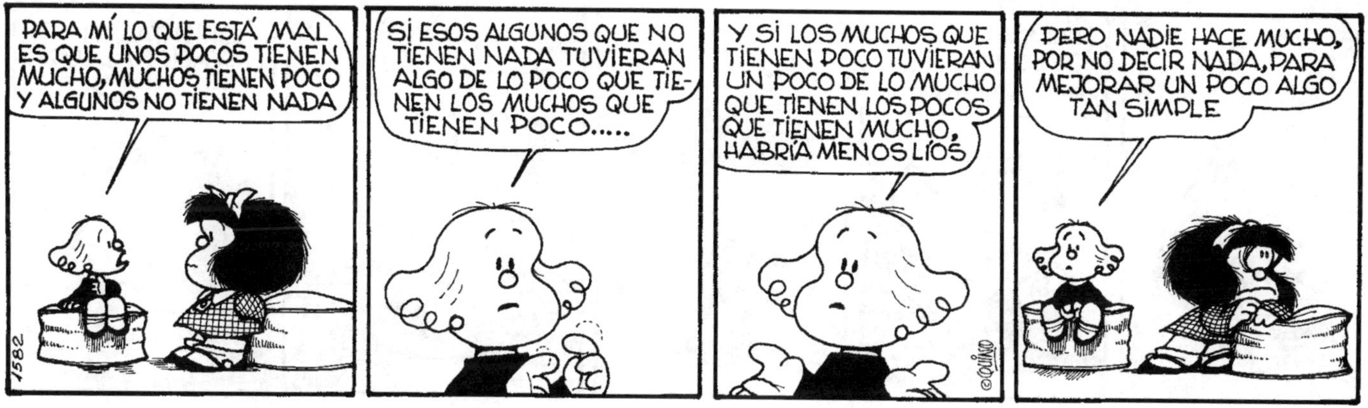

PARA MÍ LO QUE ESTÁ MAL ES QUE UNOS POCOS TIENEN MUCHO, MUCHOS TIENEN POCO Y ALGUNOS NO TIENEN NADA
1582
SI ESOS ALGUNOS QUE NO TIENEN NADA TUVIERAN ALGO DE LO POCO QUE TIENEN LOS MUCHOS QUE TIENEN POCO.....
Y SI LOS MUCHOS QUE TIENEN POCO TUVIERAN UN POCO DE LO MUCHO QUE TIENEN LOS POCOS QUE TIENEN MUCHO, HABRÍA MENOS LÍOS
©QUINO
PERO NADIE HACE MUCHO, POR NO DECIR NADA, PARA MEJORAR UN POCO ALGO TAN SIMPLE

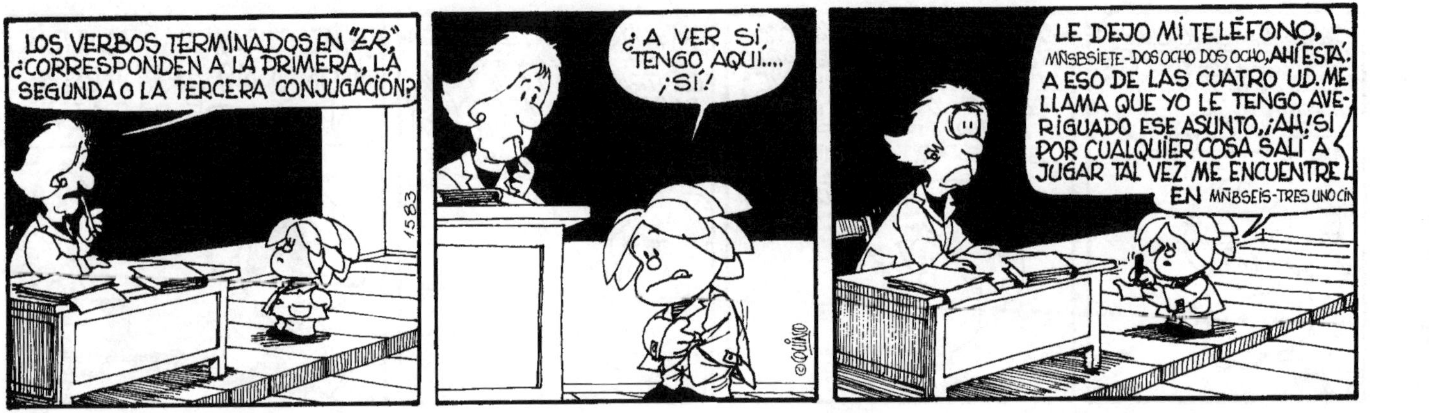
LOS VERBOS TERMINADOS EN "ER", ¿CORRESPONDEN A LA PRIMERA, LA SEGUNDA O LA TERCERA CONJUGACIÓN?
1583
¿A VER SÍ TENGO AQUÍ.... ¡SÍ!
©QUINO
LE DEJO MI TELÉFONO, MÑSBSIETE-DOS OCHO DOS OCHO, AHÍ ESTÁ. A ESO DE LAS CUATRO UD. ME LLAMA QUE YO LE TENGO AVERIGUADO ESE ASUNTO, ¡AH! SI POR CUALQUIER COSA SALÍ A JUGAR TAL VEZ ME ENCUENTRE EN MÑBSEIS-TRES UNO CIN

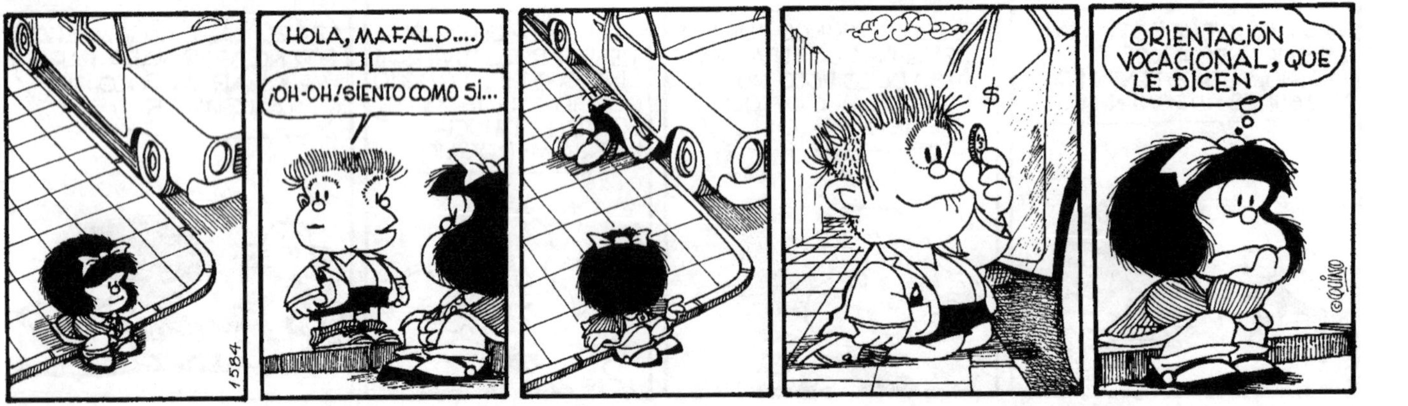
1584
HOLA, MAFALD....
¡OH-OH! SIENTO COMO SI...
$
ORIENTACIÓN VOCACIONAL, QUE LE DICEN
©QUINO

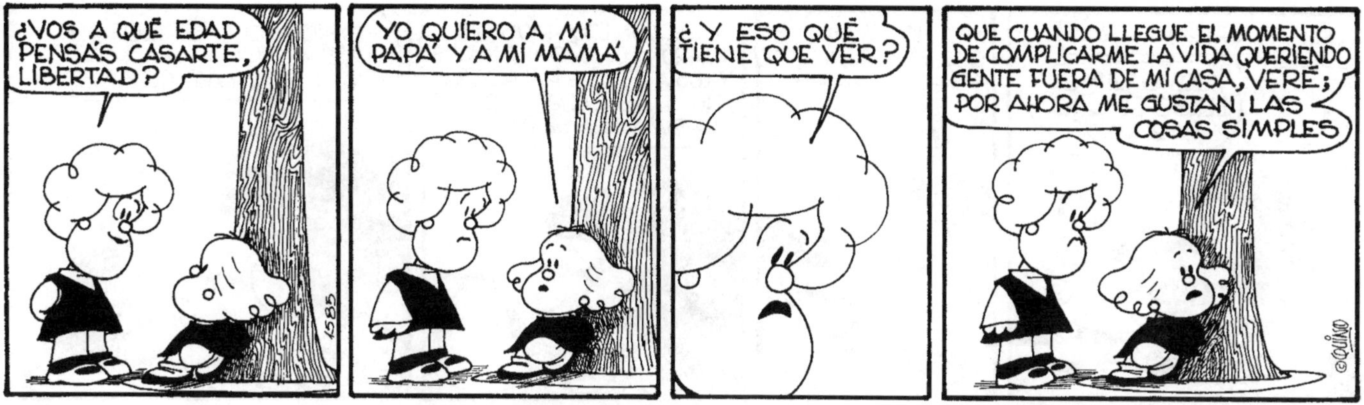
¿VOS A QUÉ EDAD PENSÁS CASARTE, LIBERTAD?
YO QUIERO A MI PAPÁ Y A MI MAMÁ
¿Y ESO QUÉ TIENE QUE VER?
QUE CUANDO LLEGUE EL MOMENTO DE COMPLICARME LA VIDA QUERIENDO GENTE FUERA DE MI CASA, VERÉ; POR AHORA ME GUSTAN LAS COSAS SIMPLES
1585
©QUINO

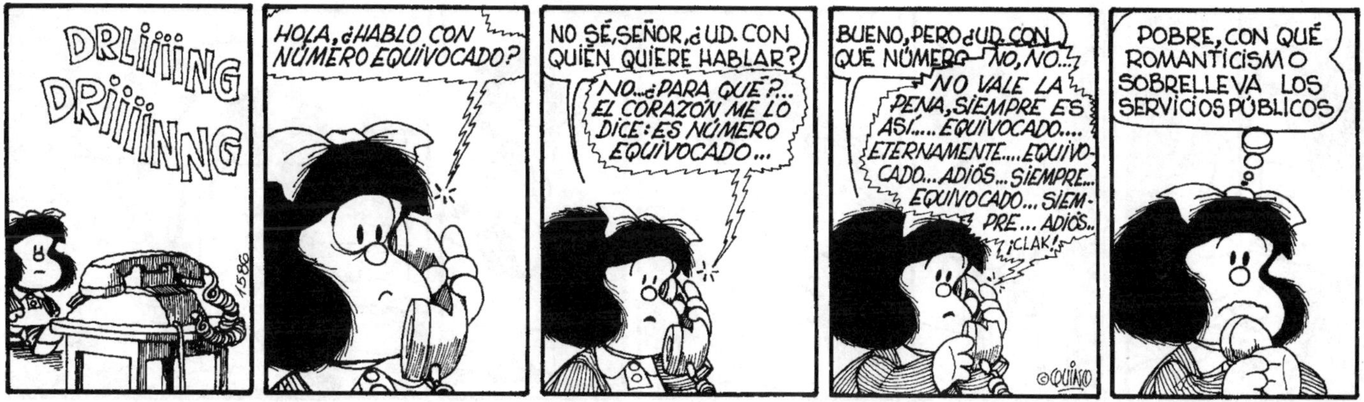
DRLIIIING
DRIIIINNG
1586
HOLA, ¿HABLO CON NÚMERO EQUIVOCADO?
NO SÉ, SEÑOR, ¿UD. CON QUIÉN QUIERE HABLAR?
NO... ¿PARA QUÉ?... EL CORAZÓN ME LO DICE: ES NÚMERO EQUIVOCADO...
BUENO, PERO ¿UD. CON QUÉ NÚMERO
NO, NO... NO VALE LA PENA, SIEMPRE ES ASÍ.... EQUIVOCADO.... ETERNAMENTE.... EQUIVOCADO... ADIÓS... SIEMPRE... EQUIVOCADO... SIEMPRE... ADIÓS..
¡CLAK!
©QUINO
POBRE, CON QUÉ ROMANTICISMO SOBRELLEVA LOS SERVICIOS PÚBLICOS

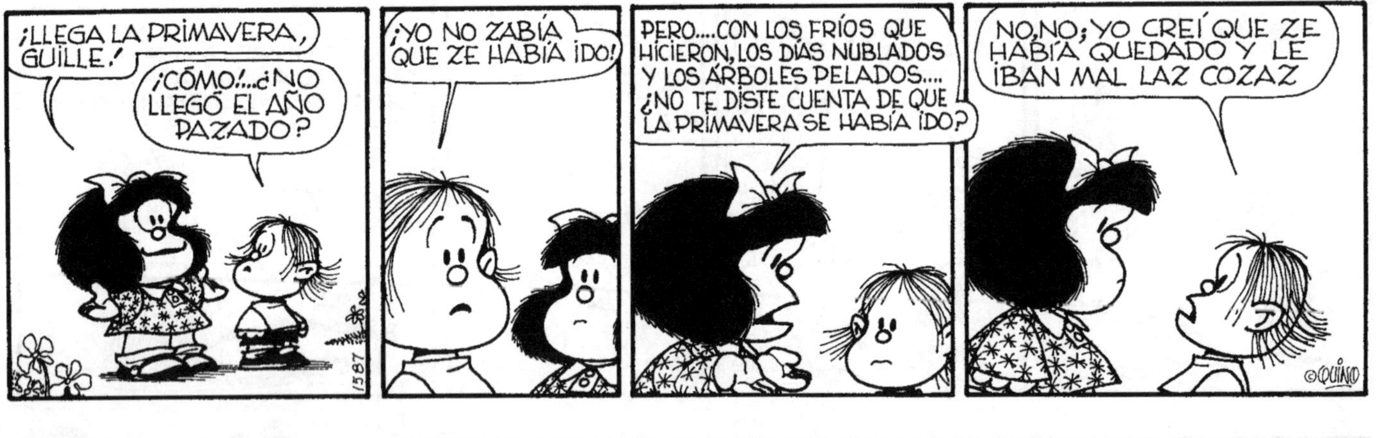
¡LLEGA LA PRIMAVERA, GUILLE!
¡CÓMO!...¿NO LLEGÓ EL AÑO PAZADO?
1587
¡YO NO ZABÍA QUE ZE HABÍA IDO!
PERO....CON LOS FRÍOS QUE HICIERON, LOS DÍAS NUBLADOS Y LOS ÁRBOLES PELADOS.... ¿NO TE DISTE CUENTA DE QUE LA PRIMAVERA SE HABÍA IDO?
NO,NO; YO CREÍ QUE ZE HABÍA QUEDADO Y LE IBAN MAL LAZ COZAZ
©QUINO

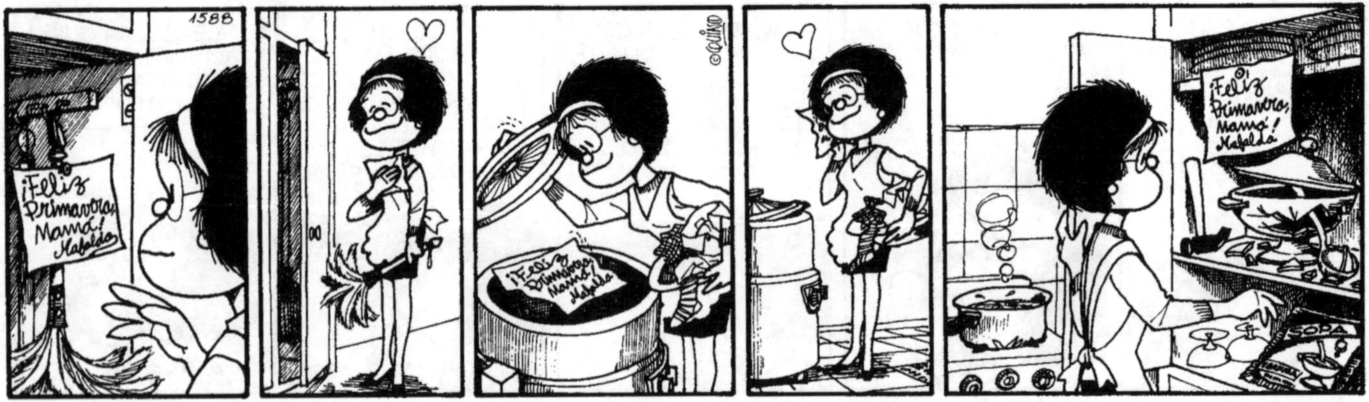
1588
¡Feliz Primavera, Mamá! Mafalda
©QUINO
¡Feliz Primavera, Mamá! Mafalda
¡Feliz Primavera, Mamá! Mafalda
SOPA

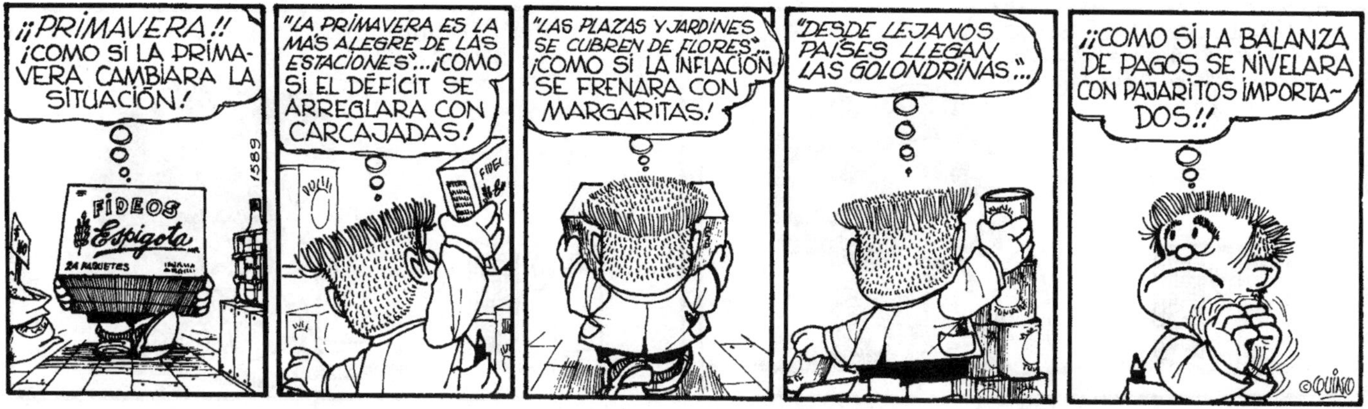
¡¡PRIMAVERA!! ¡COMO SI LA PRIMAVERA CAMBIARA LA SITUACIÓN!
1589
FIDEOS Espigota
"LA PRIMAVERA ES LA MÁS ALEGRE DE LAS ESTACIONES"...¡COMO SI EL DÉFICIT SE ARREGLARA CON CARCAJADAS!
"LAS PLAZAS Y JARDINES SE CUBREN DE FLORES"... ¡COMO SI LA INFLACIÓN SE FRENARA CON MARGARITAS!
"DESDE LEJANOS PAÍSES LLEGAN LAS GOLONDRINAS"...
¡¡COMO SI LA BALANZA DE PAGOS SE NIVELARA CON PAJARITOS IMPORTADOS!!
©QUINO

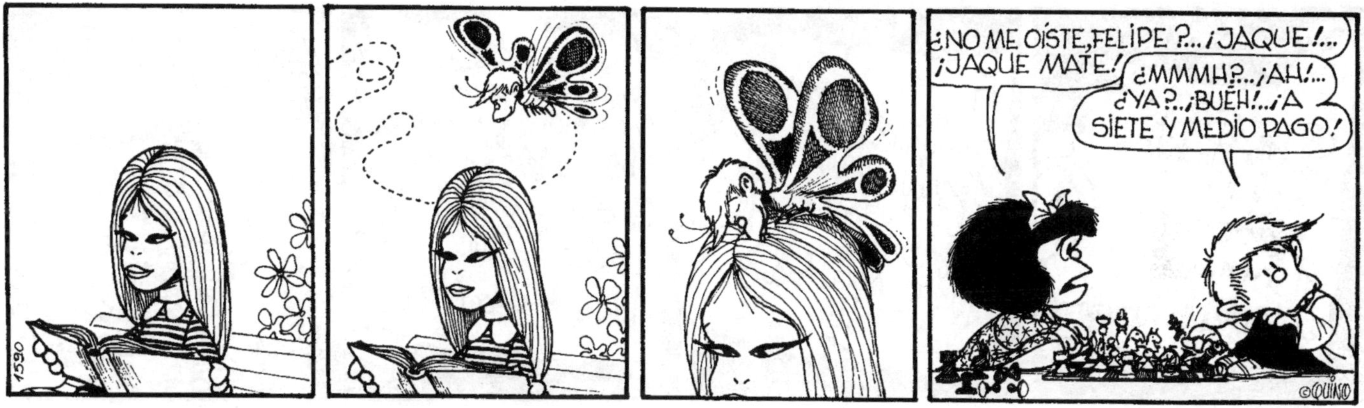
1590
¿NO ME OÍSTE, FELIPE?... ¡JAQUE!... ¡JAQUE MATE!
¿MMMH?...¡AH!... ¿YA?...¡BUEH!...¡A SIETE Y MEDIO PAGO!
©QUINO

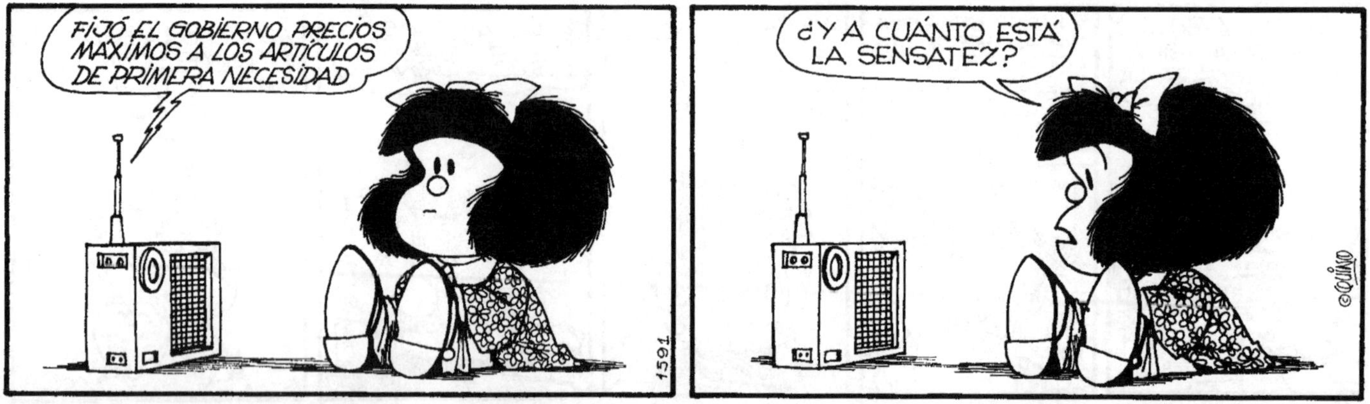
FIJÓ EL GOBIERNO PRECIOS MÁXIMOS A LOS ARTÍCULOS DE PRIMERA NECESIDAD
¿Y A CUÁNTO ESTÁ LA SENSATEZ?
1591
© QUINO

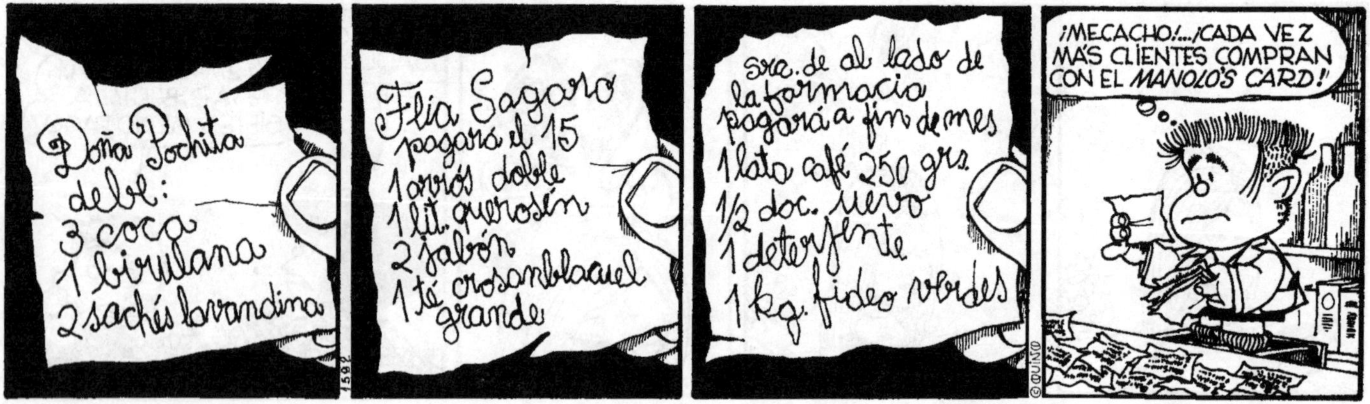
Doña Pochita debe:
3 coca
1 birulana
2 sachés lavandina
Flia Sagaro pagará el 15
1 arróz doble
1 lit. querosén
2 jabón
1 té crosanblacuel grande
Sra. de al lado de la farmacia pagará a fin de mes
1 lata café 250 grs.
1/2 doc. uevo
1 deterjente
1 kg. fideo verdes
¡MECACHO!...¡CADA VEZ MÁS CLIENTES COMPRAN CON EL *MANOLO'S CARD*!
1592
© QUINO

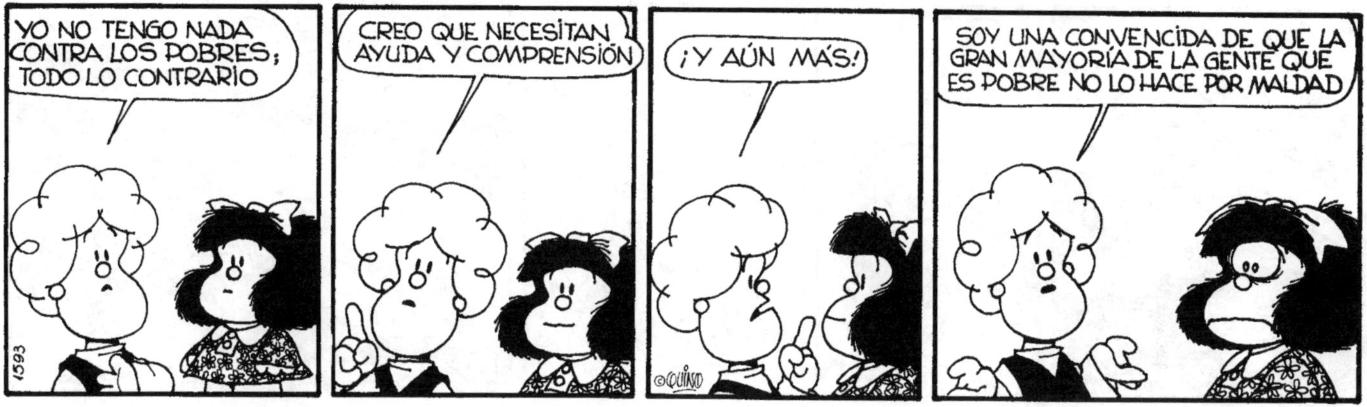
1593
YO NO TENGO NADA CONTRA LOS POBRES; TODO LO CONTRARIO
CREO QUE NECESITAN AYUDA Y COMPRENSIÓN
¡Y AÚN MÁS!
©QUINO
SOY UNA CONVENCIDA DE QUE LA GRAN MAYORÍA DE LA GENTE QUE ES POBRE NO LO HACE POR MALDAD

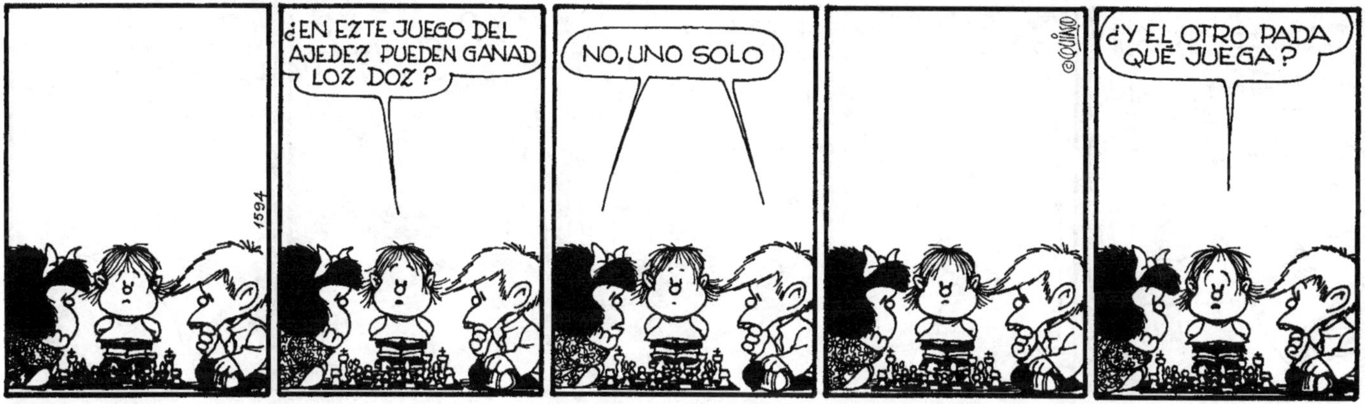
1594
¿EN EZTE JUEGO DEL AJEDEZ PUEDEN GANAD LOZ DOZ?
NO, UNO SOLO
©QUINO
¿Y EL OTRO PADA QUÉ JUEGA?

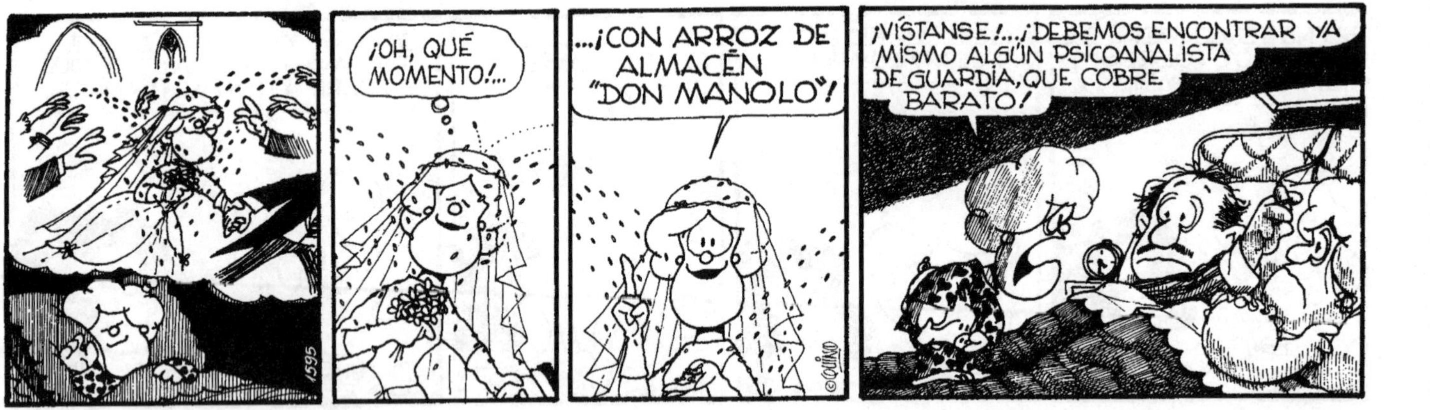
1595
¡OH, QUÉ MOMENTO!...
...¡CON ARROZ DE ALMACÉN "DON MANOLO"!
©QUINO
¡VÍSTANSE!...¡DEBEMOS ENCONTRAR YA MISMO ALGÚN PSICOANALISTA DE GUARDIA, QUE COBRE BARATO!

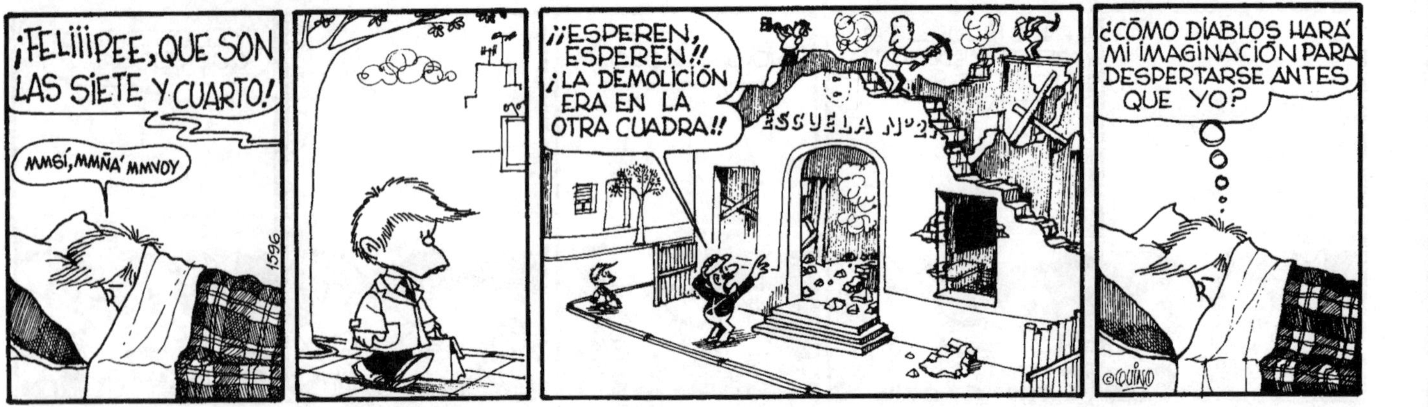
¡FELIIIIPEE, QUE SON LAS SIETE Y CUARTO!
MMSÍ, MMÑA' MMVOY
1596
¡¡ESPEREN, ESPEREN!! ¡LA DEMOLICIÓN ERA EN LA OTRA CUADRA!!
ESCUELA Nº2
¿CÓMO DIABLOS HARÁ MI IMAGINACIÓN PARA DESPERTARSE ANTES QUE YO?
©QUINO

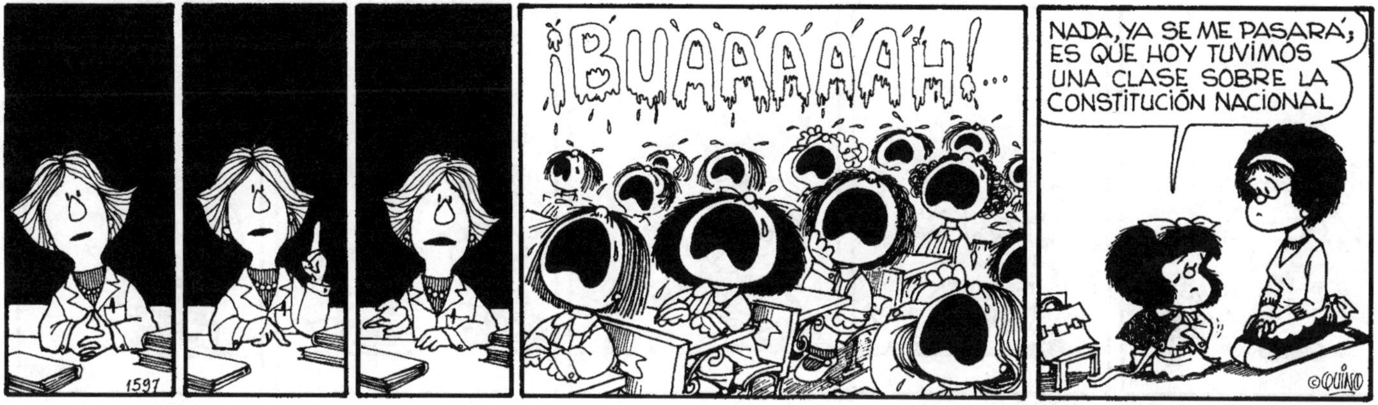
¡BUAAAAAH!...
NADA, YA SE ME PASARÁ; ES QUE HOY TUVIMOS UNA CLASE SOBRE LA CONSTITUCIÓN NACIONAL
1597
©QUINO

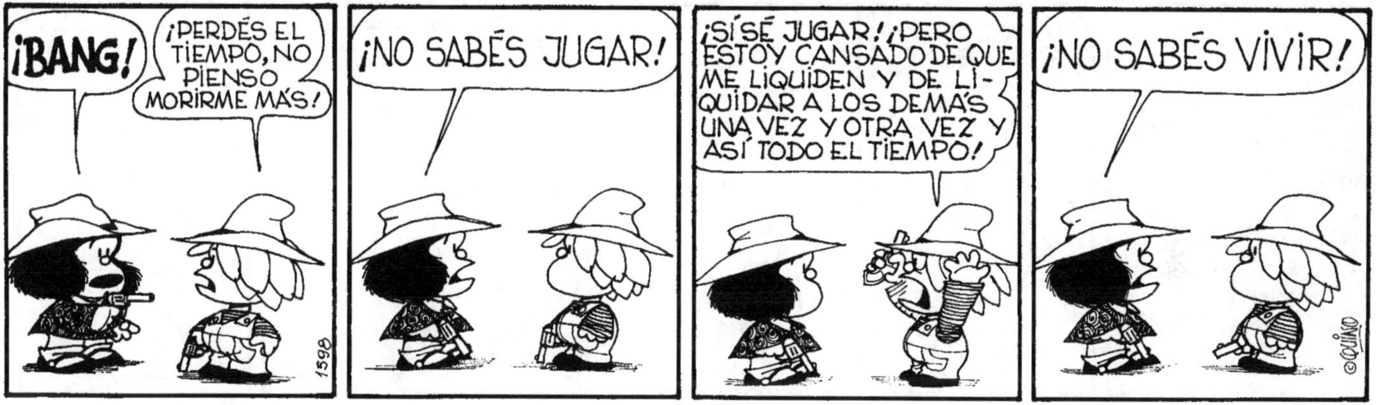
¡BANG!
¡PERDÉS EL TIEMPO, NO PIENSO MORIRME MÁS!
¡NO SABÉS JUGAR!
¡SÍ SÉ JUGAR! ¡PERO ESTOY CANSADO DE QUE ME LIQUIDEN Y DE LIQUIDAR A LOS DEMÁS UNA VEZ Y OTRA VEZ Y ASÍ TODO EL TIEMPO!
¡NO SABÉS VIVIR!
1598
©QUINO

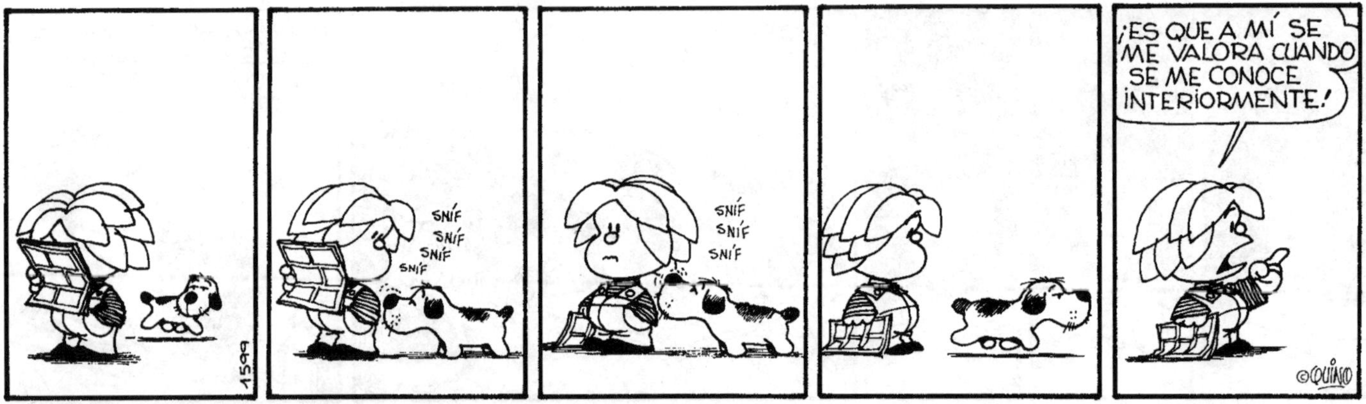
1599
SNÍF
SNÍF
SNÍF
SNÍF
SNÍF
SNÍF
SNÍF
¡ES QUE A MÍ SE ME VALORA CUANDO SE ME CONOCE INTERIORMENTE!
©QUINO

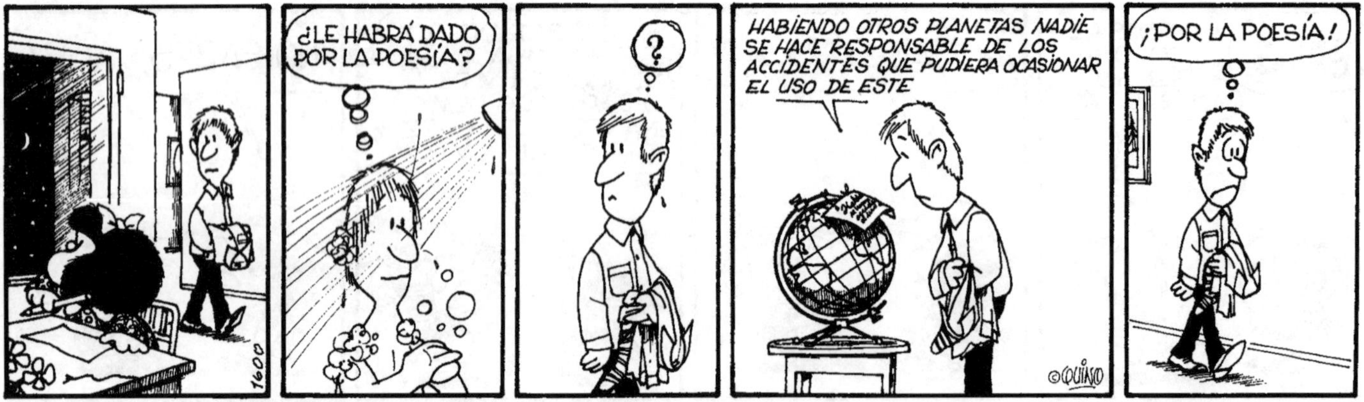
1600
¿LE HABRÁ DADO POR LA POESÍA?
?
HABIENDO OTROS PLANETAS NADIE SE HACE RESPONSABLE DE LOS ACCIDENTES QUE PUDIERA OCASIONAR EL USO DE ESTE
©QUINO
¡POR LA POESÍA!

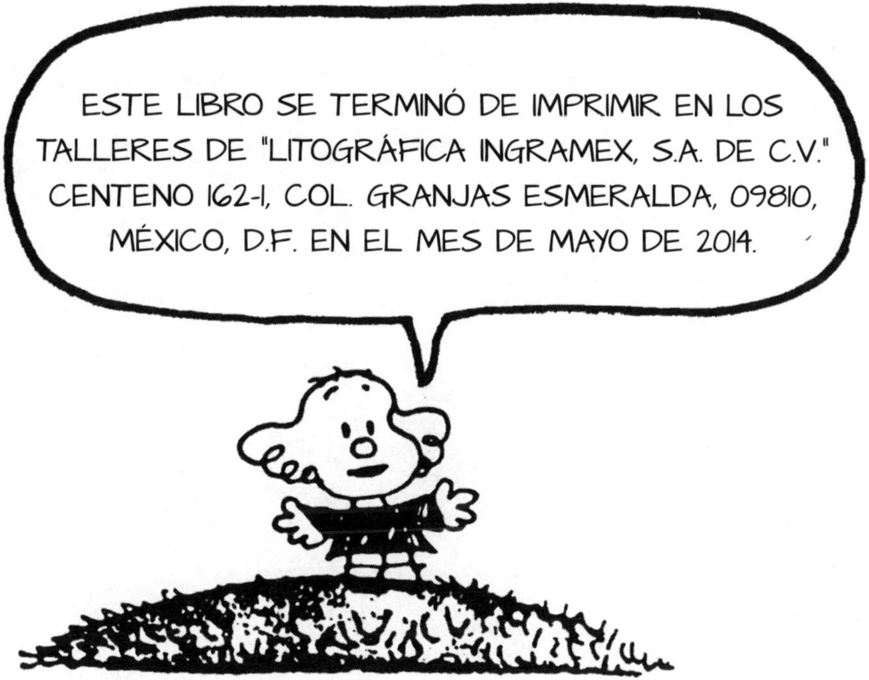
ESTE LIBRO SE TERMINÓ DE IMPRIMIR EN LOS
TALLERES DE "LITOGRÁFICA INGRAMEX, S.A. DE C.V."
CENTENO 162-1, COL. GRANJAS ESMERALDA, 09810,
MÉXICO, D.F. EN EL MES DE MAYO DE 2014.